学ぶ人は、
変えてゆく人だ。

目の前にある問題はもちろん、

人生の問いや、

社会の課題を自ら見つけ、

挑み続けるために、人は学ぶ。

「学び」で、

界は変えてゆける。

、どこでも、誰でも、

学ぶことができる世の中へ。

旺文社

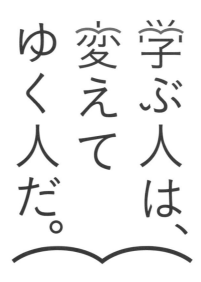

基礎からの
ジャンプアップノート

現代文
重要キーワード
書き込みドリル

改訂版

河合塾 講師
梅澤眞由起 著

旺文社

はじめに

コトバは誰でもが使えるのに、あるいはそのせいか、大事なものだと考える人はあまり多くありません。でもコトバがなくなれば、世界は途端にわけのわからないものになります。

僕の知り合いで、自分の子どもに〈犬〉と〈猫〉を逆に教えた、変な人がいます。その子はパパの言いつけどおり、〈犬〉のことを「猫っ⁉」て呼ぶようになりました。なんてかわいそうなお子ちゃまでしょう。でも、ということは、〈犬〉は〈猫〉と呼ばれたら、〈猫〉になるのです。つまりこの世に初めから〈犬〉がいるのではなく、僕たちが〈犬〉を「犬」と呼ぶから、〈犬〉は存在するのです。つまりコトバが世界を創っている、そして僕たちは世界をコトバで理解しているということです。

だとすれば、コトバが少なくなれば、世界は痩《や》せます。だってコトバがなくなれば、世界は大まかにしか理解されなくなり、微妙な違いは無視されるからです。「カワイイッ！」にはいろんなニュアンスがあって、何を見ても「カワイイッ！」って言う人も、それなりに使い分けているんだと思います。でもその微妙な違いは他人に伝わっているでしょうか。「別に伝わらなくてもいいもん」っていう人も、ほんとに伝えたい人に伝わらなかったら、さみしい。そのとき、「カワイイッ！」だけじゃなくて、「愛くるしい」とか「いとしい」とか、いろんな「カワイイッ！」と結びつくコトバで、自分の今の「カワイイッ！」を言い表せたら、世界も自分もちょっと素敵なものになるのではないでしょうか。

戦争中で勉強がしたくてもかなわず、夜間中学というところで国語を勉強したおばあちゃんが、先生に「国語、勉強してどう？」って聞かれたとき、「ああよかったよ。なんかね、コトバいっぱい覚えてね、夕焼けがきれいに見えるようになった気がするよ」って答えたという話、読んだことがあります。きっとおばあちゃんはただ〈夕焼け〉っていうだけじゃなく、「今日の夕焼けはたとえば〈荘厳〉って感じ」とか、日々の夕焼けの微妙な違いをコトバで言い表すことができるようになったんだと思います。

この本は、みんながいろんなコトバを覚え、似たコトバを結んだりして、世界の多様さを、自分や他人のさまざまな思いを、表現し理解してくれることを想って書きました。

みんなの〈夕焼け〉が、きれいに見えるようになることを、願っています。

二〇二四年　六月

梅澤　眞由起

もくじ

編集協力 加田祐衣
校正 広瀬菜桜子・宮川咲
装丁 ㈱ライトパブリシテイ 大野瑞生・古屋安紀子
本文デザイン ㈲アルデザイン

この本の特長と使い方

本冊の構成と内容

章立て[語句解説]

本書では現代文の読解に必要な語彙《ごい》を増やすための学習ができます。語彙《ごい》力をUPさせるために、段階ごとに語句をまとめています。また、入試で頻出のテーマなどで分類し効率よく理解が深まるような章立てとなっています。

語句の解説

現代文の読解に必要な重要キーワードとされる語句を解説しています。対義語や関連語も一緒にまとめて解説しているので重要な語句を効率よく学習できます。

ヒトコト解説

のマークが付いている部分がヒトコト解説です。かみくだいた説明や身近な例を使って語句の理解を助けます。

解答欄

“書き込む作業をする”ことで語句の意味や使い方を定着させます。空欄補充問題なども自分の手で実際に“書き込む”ことが大切です。

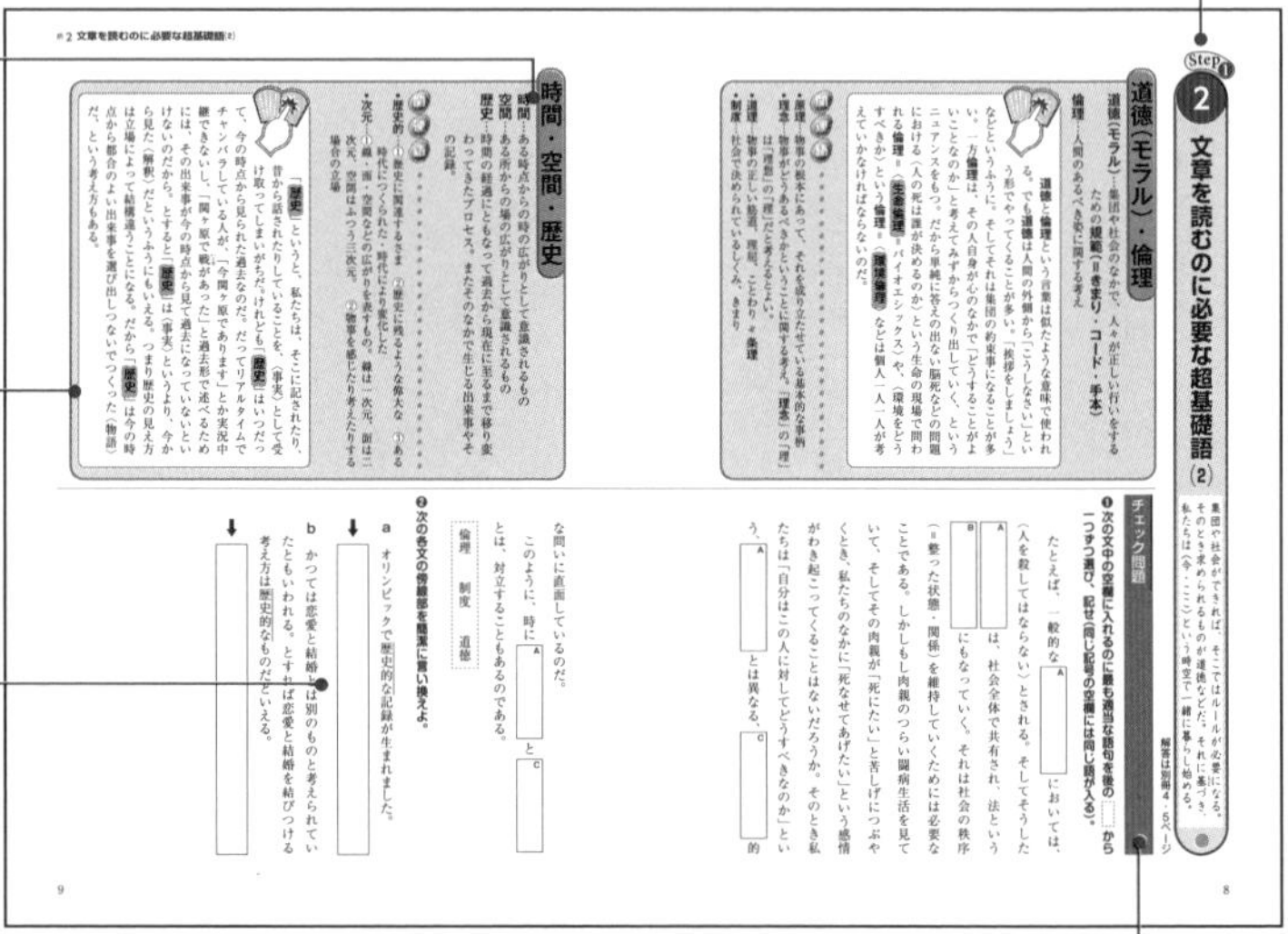

チェック問題

上段で学習した語句を下段のドリルで即座にチェックします。上段の解説を読んだ直後に解くことで、語釈の単なる暗記ではなく理解したかを確認できます。

実戦演習問題

「語句の解説」と「チェック問題」で学習した内容を、「実戦演習問題」で確認していきます。語句の意味を理解したことで、どのくらい文章の読解ができて問題が解けるのか、演習問題を解くことによって確認しましょう。

章立て[実戦演習問題]

本書には語句の理解を演習形式で確認するために11回の「実戦演習問題」があります。実際の大学入試問題の一部を抜粋《ばっすい》して設問を取捨し、多少の改変やオリジナル問題を加えて編集してあります。とくにStep3は頻出テーマごとに「実戦演習問題」を用意しています。

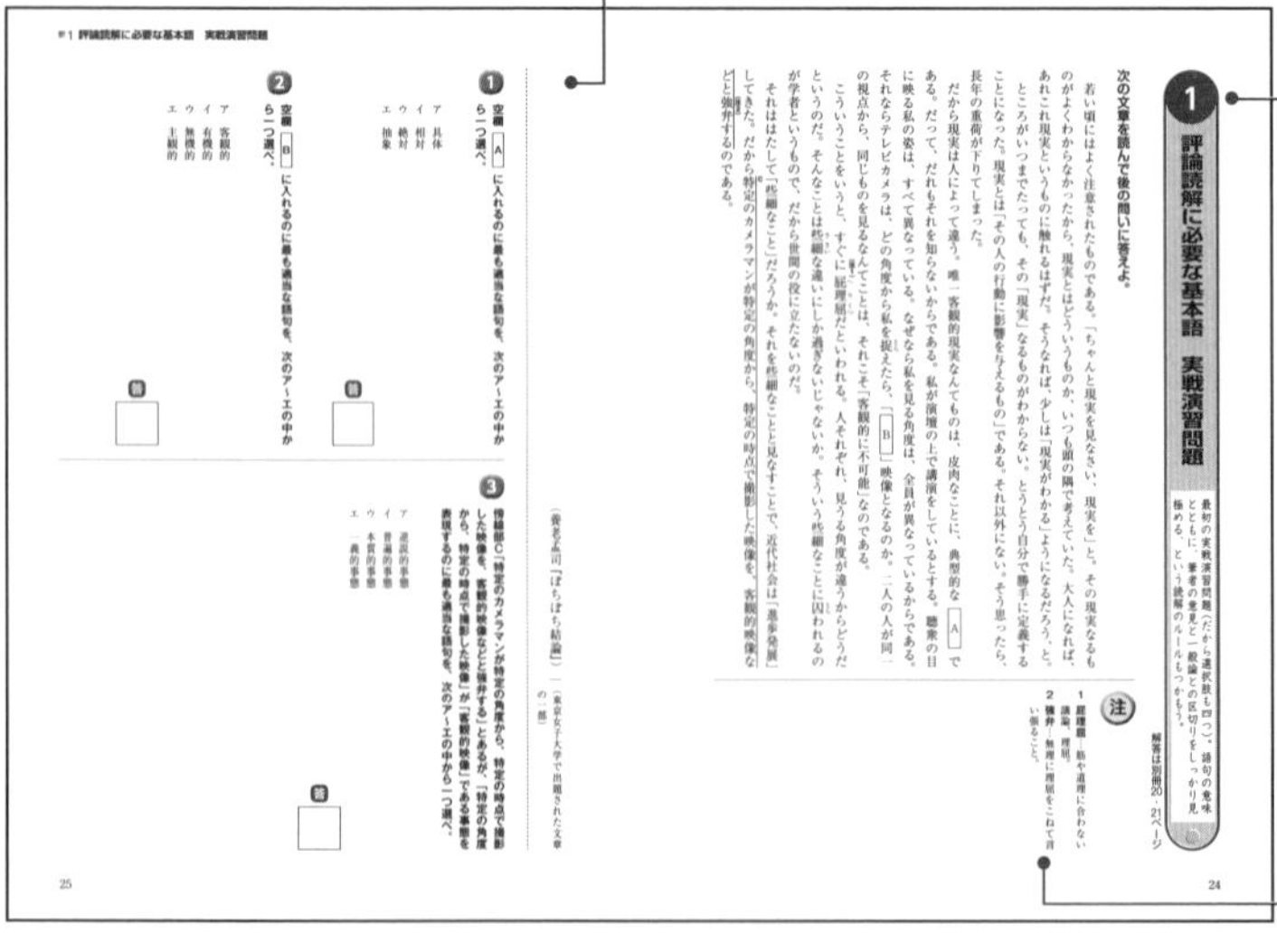

脚注

「実戦演習問題」に出題された文章を読むための補助となる注です。ここで説明される語句についてもきちんと理解して、自分で使いこなせる語彙《ごい》を増やしていきましょう。

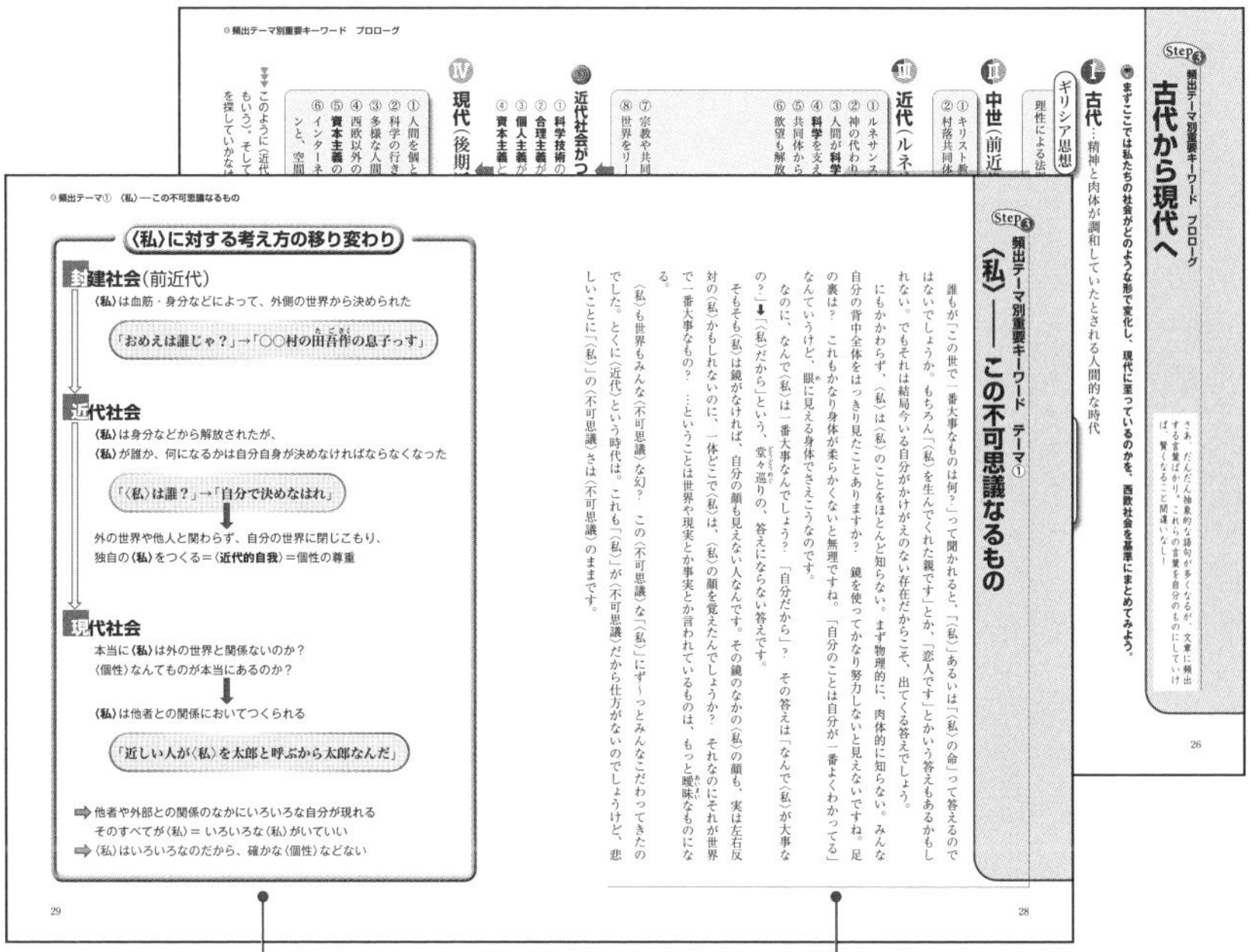

頻出テーマ① 〈私〉—この不可思議なるもの

Step3 頻出テーマ別重要キーワード テーマ①

〈私〉―― この不可思議なるもの

誰もが「この世で一番大事なものは何？」って聞かれると、「〈私〉」あるいは「〈私〉の命」って答えるのではないでしょうか。もちろん「〈私〉を生んでくれた親です」とか、「恋人です」とかいう答えもあるかもしれない。でもそれは結局今いる自分がかけがえのない存在だからこそ、出てくる答えでしょう。

にもかかわらず、〈私〉は〈私〉のことをほとんど知らない。まず物理的に、肉体的に知らない。みんな自分の背中全体をはっきり見たことありますか？ 鏡を使ってかなり努力しないと見えないですね。足の裏は？ これもかなり身体が柔らかくないと無理ですね。「自分のことは自分が一番よくわかってる」なんていうけど、眼《め》に見える身体でさえこうなのです。

なのに、なんで〈私〉は一番大事なんでしょう？ 「自分だから」？ その答えは「なんで〈私〉が大事なの？」⬇「〈私〉だから」という、堂々巡《どうどうめぐ》りの、答えにならない答えです。

そもそも〈私〉は鏡がなければ、自分の顔も見えない人なんです。その鏡のなかの〈私〉の顔も、実は左右反対の〈私〉かもしれないのに、一体どこで〈私〉は、〈私〉の顔を覚えたんでしょうか？ それなのにそれが世界で一番大事なもの？ …ということは世界や現実とか事実とか言われているものは、もっと曖昧《あいまい》なものになる。

〈私〉も世界もみんな〈不可思議〉な幻？ この〈不可思議〉な「〈私〉」にず〜っとみんなこだわってきたのでした。とくに〈近代〉という時代は。これも「〈私〉」が〈不可思議〉だから仕方がないのでしょうけど、悲しいことに「〈私〉」の〈不可思議〉さは〈不可思議〉のままです。

28

〈私〉に対する考え方の移り変わり

封建社会（前近代）
〈私〉は血筋・身分などによって、外側の世界から決められた
「おめえは誰じゃ？」→「○○村の田吾作《たごさく》の息子っす」

近代社会
〈私〉は身分などから解放されたが、
〈私〉が誰か、何になるかは自分自身が決めなければならなくなった
「〈私〉は誰？」→「自分で決めなはれ」
外の世界や他人と関わらず、自分の世界に閉じこもり、
独自の〈私〉をつくる＝〈近代的自我〉＝個性の尊重

現代社会
本当に〈私〉は外の世界と関係ないのか？
〈個性〉なんてものが本当にあるのか？
〈私〉は他者との関係においてつくられる
「近しい人が〈私〉を太郎と呼ぶから太郎なんだ」

➡ 他者や外部との関係のなかにいろいろな自分が現れる
そのすべてが〈私〉＝ いろいろな〈私〉がいていい
➡ 〈私〉はいろいろなのだから、確かな〈個性〉などない

29

頻出テーマ　コラム

Step3 頻出テーマ別重要キーワードでは、頻出テーマを９つ取り上げています。各テーマのはじめの見開きページで、テーマについて説明しています。

左ページには関係性をまとめた図表があります。時代区分は世界の地域によってズレがありますが、おおまかな流れとして理解してください。

このページをしっかり読んで、テーマについてのイメージをもって語句の学習を進めていきましょう。

別冊の構成と内容

＋α重要語

本冊で学習した語句と関連する語句や、一緒に覚えておくといい語句を紹介しています。

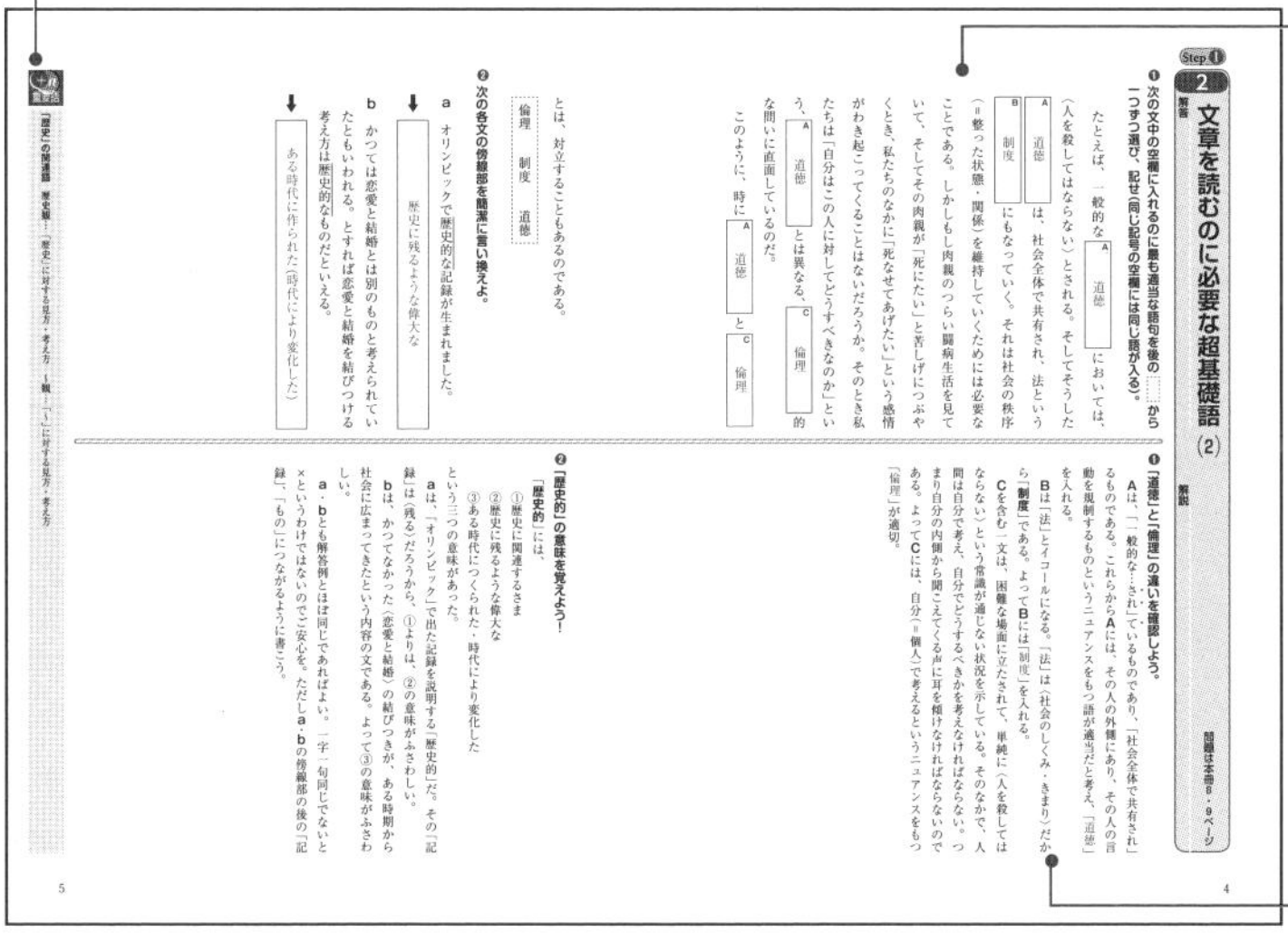

解答

本冊の「チェック問題」と「実戦演習問題」の解答を赤字で記入しています。問題文と解答欄がそのまま掲載されているので、答え合わせをする際には自分で“書き込んだ”解答の正誤が即座にチェックできます。

「実戦演習問題」の選択肢から選ぶ形式の問題は、選択肢の誤っている箇所が赤線と×で記してあるので、判断の仕方も一緒に学習しましょう。

解説

「チェック問題」と「実戦演習問題」の解答を導くための解説です。「どうしてそれが正解なのか」を丁寧に解説しています。解説をしっかり読んで、復習しましょう。

Step 1

1 文章を読むのに必要な超基礎語（1）

文章のなかによく出てくるだけに、意味がわかったつもりで通り過ぎてしまう語句を再チェックして、ここからスタートしよう！

自然（⇔人工・人為）

自然…①人間の手が加わっておらず、みずからの力で生成・変化していくもの（山川草木《さんせんそうもく》・動物など）
②人や物質（モノ）に本来備わっている性質
③あるがままの様子

「自然」というと、ふつう私たちは山や川を思い浮かべる。つまり「自然」は人間の外側にあるものだと思うのだ。でも右の②の意味をみると、人間の内にも「自然」があることがわかる。たとえば〈何かを食べたい〉という生物としての本能的な欲求や、〈幸福になりたい〉という願望も、人間本来のものだから「自然」といえる。いつからか人間は、自分たちが「自然」の一部であることを忘れてしまったけれど、私たちのなかにも「自然」があることを忘れないほうがいい。

関連語

- **超自然**…「**自然**」のあり方を〈超え〉ており、人間が理屈で説明できないこと≒不思議・**神秘**。「超」は「チョーヤバイ！」というように、〈とても〉という意味と、「**超自然**」のように、「超」がその下につく語の状態を〈こえる〉〈そのような状態と無関係になる〉という意味があり、評論では後者が多いので注意しよう。
- **森羅万象**《しんらばんしょう》…宇宙に存在する一切の物事。「しんらまんぞう」って誰の名前だっ⁉ という読み方もある。

チェック問題

解答は別冊2・3ページ

❶「自然」の反対語を二つ記せ。

[　　　]　[　　　]

❷ 次の文中の空欄に入れるのに最も適当な語句を後の［　］から一つずつ選び、記せ（同じ記号の空欄には同じ語が入る）。ただし同じものを二度用いてはならない。

人間は、[A]を自分たちのために利用しようとして[B]を進歩させてきた。その典型が西洋[C]と呼ばれるものである。そして西洋[C]は、自分たちとは異なった生活習慣などをもつものを[D]と呼び、世界を[C]と[D]とに分割したのである。

［文明　自然　野蛮　技術］

文化・文明

文化…人間の感情や精神活動によって生み出されたもの。地域や民族に独特のもの、という意味でも用いられ、その地域の言語・生活様式などを指す。

文明…人間が生み出した、おもに技術的、物質的な側面。「文化」よりも世界的な広がりをもつものをいうことが多い。

右に書いたように、「**文明**」は「文化」より広い範囲に展開したもののことをいうことが多い。「西洋**文明**」という言い方がされるのも、歴史のなかで〈西洋〉が世界的な影響力をもっていたからだ。そしてそうした「西洋**文明**」が行き渡っていない非西洋の社会は、「**未開**」・「**野蛮**」として区別・差別されてきたことも知っておこう。

共同体・社会

共同体…血のつながり（血縁）や同じ土地に住む関係（地縁）で結びついた集団。共同のルールと助け合い（相互扶助《そうごふじょ》）が重要。コミュニティ ≒ 共同社会。

社会…共同体が解体した近代以降に、個人を単位として結びついた集団のこと。たんに人間の集まり、という意味で使われることも多い。

関連語

- **世間**《せけん》…身近で縁のある人々の集まり。**共同体**的つながりを残す日本的な社会のあり方。**共同体**と**社会**の中間というイメージ。
- **世間体**《せけんてい》…**世間**《せけん》の人々にどう見られるかということ

---

❸ 次の文中の傍線部を適当な語句に言い換えよ。また空欄Cには適当な語句を記せ。

人間は狩猟にしても農耕にしても、集団によって行う存在である。初めの集団は ^{A}血縁や地縁に基づいた集団であったと考えられる。

だがそうした集団には厳しい規則や濃密すぎる人間関係が存在するため、それを嫌った人々によって徐々に解体されていく。そしてその後に出現したのが、^{B}血縁などを離れた個人を単位とした集団である。

ただ日本では「 C 」が悪いからやめなさい」という表現に代表されるように、個人の自由よりも、^{D}身近な人との縁を尊重する集団のほうが重んじられてきたともいえる。

A 血縁や地縁に基づいた集団
↓
[　　　　]

B 血縁などを離れた個人を単位とした集団
↓
[　　　　]

D 身近な人との縁を尊重する集団
↓
[　　　　]

Step 1

2 文章を読むのに必要な超基礎語（2）

集団や社会ができれば、そこではルールが必要になる。そのとき求められるものが道徳などだ。それに基《もと》づき、私たちは〈今・ここ〉という時空で一緒に暮らし始める。

解答は別冊4・5ページ

道徳（モラル）・倫理

道徳（モラル）…集団や社会のなかで、人々が正しい行いをするための**規範（＝きまり・コード・手本）**

倫理…人間のあるべき姿に関する考え

道徳と**倫理**という言葉は似たような意味で使われる。でも**道徳**は人間の外側から「こうしなさい」という形でやってくることが多い。「挨拶をしましょう」などというふうに。そしてそれは集団の約束事になることが多い。一方**倫理**は、その人自身が心のなかで「どうすることがよいことなのか」と考えてみずからつくり出していく、というニュアンスをもつ。だから単純に答えの出ない脳死などの問題における〈人の死は誰が決めるのか〉という生命の現場で問われる**倫理**＝〈**生命倫理**＝バイオエシックス〉や、〈環境をどうすべきか〉という**倫理**＝〈**環境倫理**〉などは個人一人一人が考えていかなければならないのだ。

関連語

- **原理**…物事の根本にあって、それを成り立たせている基本的な事柄
- **理念**…物事がどうあるべきかということに関する考え。「**理念**」の「理」は「理想」の「理」だと考えるとよい。
- **道理**…物事の正しい筋道、理屈、ことわり ≒ **条理**
- **制度**…社会で決められているしくみ、きまり

チェック問題

❶ 次の文中の空欄に入れるのに最も適当な語句を後の［　］から一つずつ選び、記せ（同じ記号の空欄には同じ語が入る）。

たとえば、一般的な［A］においては、〈人を殺してはならない〉とされる。そしてそうした［A］は、社会全体で共有され、法という［B］にもなっていく。それは社会の秩序（＝整った状態・関係）を維持していくためには必要なことである。しかしもし肉親のつらい闘病生活を見ていて、そしてその肉親が「死にたい」と苦しげにつぶやくとき、私たちのなかに「死なせてあげたい」という感情がわき起こってくることはないだろうか。そのとき私たちは「自分はこの人に対してどうすべきなのか」という、［A］とは異なる、［C］的

時間・空間・歴史

時間…ある時点からの時の広がりとして意識されるもの
空間…ある所からの場の広がりとして意識されるもの
歴史…時間の経過にともなって過去から現在に至るまで移り変わってきたプロセス。またそのなかで生じる出来事やその記録。

関連語

- **歴史的**…①歴史に関連するさま　②歴史に残るような偉大な　③ある時代につくられた・時代により変化した
- **次元**…①線・面・空間などの広がりを表すもの。線は一次元、面は二次元、空間はふつう三次元。　②物事を感じたり考えたりする場合の立場

「**歴史**」というと、私たちは、そこに記されたり、昔から話されたりしていることを、〈事実〉として受け取ってしまいがちだ。けれども「**歴史**」はいつだって、今の時点から見られた過去なのだ。だってリアルタイムでチャンバラしている人が、「今関ヶ原であります」とか実況中継できないし、「関ヶ原で戦《いくさ》があった」と過去形で述べるためには、その出来事が今の時点から見て過去になっていないといけないのだから。とすると「**歴史**」は〈事実〉というより、今から見た〈解釈〉だというふうにもいえる。つまり歴史の見え方は立場によって結構違うことになる。だから「**歴史**」は今の時点から都合のよい出来事を選び出しつないでつくった〈物語〉だ、という考え方もある。

な問いに直面しているのだ。
このように、時に［A　　］と［C　　］とは、対立することもあるのである。

倫理　制度　道徳

❷ 次の各文の傍線部を簡潔に言い換えよ。

a オリンピックで歴史的な記録が生まれました。

↓

［　　　　］

b かつては恋愛と結婚とは別のものと考えられていたともいわれる。とすれば恋愛と結婚を結びつける考え方は歴史的なものだといえる。

↓

［　　　　］

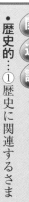

Step 1

3 文章を読むのに必要な超基礎語（3）

私たちは社会のなかで、他人と理解しあおうとする。そこに生まれるのが記号（言葉など）である。そしてその記号の意味に心揺《ゆ》り動かされるのが人間なのだ。

解答は別冊6・7ページ

意味・記号

意味…記号・表現・行為などが表す内容やねらい

「**意味**」という言葉は文章のなかでよく使われるが、見なれているせいで、読み飛ばしてしまうことが多い。でもとても奥深い言葉だ。「**意味**」という言葉の〈意味〉がよくわからないときは、「**価値**＝ねうち、よいものとして認めるべきもの」という言葉に置き換えてみると、すっきりすることも多い。「**意義**」なども「**意味**」の類義語といってよい言葉だ。

記号…ある事柄や意味を表すもの

「**意味**」を表す「**記号**」の代表は言葉や信号・道路標識などである。赤信号は〈止まれ〉という意味を表す。これはもう世の中の常識だ。でも、もともとそうした決まった「**意味**」が与えられていなくても、そこに誰かが意味を読み取れば、それはなんだって「**記号**」になってしまう。たとえば〈しぐさ〉。君がなにげなくちらっと誰かを見ただけなのに、相手が〈あの人は私が好きなんだ⁉〉と、君の〈ちら見〉に**意味**を与えれば、もうそれは「**記号**」だ。「**記号**」は恐い…。

チェック問題

❶ 次の文中の傍線部を別の語に言い換えよ（Aは漢字二字、Bは漢字仮名交じりの二字〜三字の語）。

彼は「そんなことにどんなA意味があるというんだ⁉」と、B憤《いきどお》りを露《あら》わにしていった。

A 意味 ➡ ［　　　　］

B 憤り ➡ ［　　　　］

❷ 例を参考にして、次の〈記号〉が表す〈意味〉を簡潔に記せ。

例 〈記号〉＝涙 ➡〈意味〉＝悲しみ

〈記号〉＝高級外国車 ➡〈意味〉＝［　　　　］

関連語

- **記号化**…①あるものを、意味を表すものにすること
  ②あるものが、意味や内容を失って形だけのものになること
  ≒**形骸化《けいがいか》**（＝中身をなくして、形だけのものになること）

「**記号化**」の①と②の意味は正反対のような気がする。どうしてこんなことになるのだろう？　たとえばさっきもいったように、赤の信号は〈止まれ〉という意味を表す。でも信号自体は〈物質〉であって、〈止まれ〉という意味は人間が与えたものだ。つまり「**記号**」は**意味**そのものではなく、人間が〈**意味づけ**〉をしなければただの〈物質〉であり中身がない。だから「**記号**」をマイナスイメージで捉《とら》えれば、〈もともとは意味のないもの〉ということになる。だから、「**記号**」みたいなものにする（なる）「**記号化**」が、②〈中身のないモノになる〉という「**形骸化**」と同じような意味になるのだ。

精神（⇔肉体）

精神…①知（**知性**＝**知覚**をもとに**認識**をつくりあげる働き）＋情（感情＝気持ち）＋意（意志・意識）　②心のもち方
③個人を超えた集団の傾向　ex「時代精神」

関連語

- **知覚**…感覚器官への刺激によって物事の性質などを知る働き
- **認識**…物事の意味を理解すること
- **知識**…認識によって得られたもの

---

❸ 次の文中の空欄に入れるのに最も適当な語句を後の［　］から選び、記せ（同じ記号の空欄には同じ語が入る）。ただし同じものを二度用いてはならない。

人間の［A］に関しては、単純に〈心〉と考えて、気持ち＝［B］と考えやすい。だが［A］には多様な要素があり、［C］もその一つである。［C］は、感覚的な刺激などによって働く［D］に基づいて、物事の意味に関する［E］をつくりあげていく。そしてその結果得られるものを［F］と呼ぶのである。

知性　認識　精神　知識　知覚　感情

A［　　］　B［　　］
C［　　］　D［　　］
E［　　］　F［　　］

Step 2

4 評論読解に必要な基本語（1）

文章を読むということは、普段の話し言葉の世界から書き言葉の世界に入るということだ。書き言葉の世界の中心になるのが「評論」。では書き言葉の世界へ。

解答は別冊8・9ページ

観念・概念

観念…①心や頭のなかにあるイメージや考え方
②（多くの場合「観念する」という形で）あきらめること

関連語

・**観念的**（普通は［－］＝マイナスイメージ）…頭のなかだけで考えていて、現実離れしていること

⇔

・**現実的**…現実にしっかり根を下ろしていること

概念…**言葉で表された**、物事についての一般的な考え

〈リンゴ〉、と言われ私たちが頭に思い浮かべることは、赤い色だったり、甘ずっぱいということだったりする、これらが「**観念**」。こうした個人的なものを一般化して、〈リンゴ〉とはこういうものだと**言葉で表したもの**が「**概念**」だ。

ちなみに私は、誰かがリンゴをかじる音を聞くと、ガラスをひっかいた音を聞いたときのように、「ワオッ⁉」って背筋にふるえが走ります。誰も「わかるっ！」っていってくれません。

チェック問題

❶ **次の「概念」・「観念」という語句の用例の中で間違っているものを一つ選べ。**

a 「自然」という概念は「人工」という概念と対置される。

b 私の「美」に対する概念は、他人と違うらしい。

c 「犯人に告ぐ。観念して出てこい！」

d 講演の観念的な内容に嫌気《いやけ》がさす。

［　　］

❷ **次の構造図の空欄に入る言葉を記せ。**

現実に対して［　　　］（漢字二字）を行う

←

［**抽象**］ ↑ ［　　　］（漢字二字）

共通要素の抽出 ＝ 抽象

現実 ＝ ［　　　］

具体 ⇔ 抽象

具体（具象）…①はっきりとした形のあるもの
②**現実**の物事に即していること

抽象…具体的な個々の物事から、それらに共通する性質や要素を抽《ぬ》き出すこと→「**概念**」は個々の物事を総合して取り出されたものだから、**抽象**性をもつ

関連語

- **具体的**…現実の目に見える個々の物事に即しており、わかりやすい
- **抽象的**…現実の目に見える個々の物事に即していないため、わかりづらい
- **捨象《しゃしょう》**…**抽象**を行う（＝「**抽象化**」する）とき、個々の物事のもっている、そのものだけの性質（＝個別性）を捨て去ること
- **事実**…①実際にあった（起こった）事柄 ≒ **実在**
②（副詞として）ほんとうに。じっさい。
- **現実**…①今、現に事実としてある事柄
②空想や理想に対する実在。リアル。
- **真実**…うそ、偽《いつわ》りではない本当のこと

本質 ⇔ 現象

本質…物事の一番大切な性質

現象…①観察されうるあらゆる事実
②**本質**を内に含みながら現れる外面的なもの ≒ 表層

本質的 ⇔ 表層的

本質的…物事を成り立たせている根本に関わるさま

表層的…うわべだけのさま ≒ 表面的

---

❸ 次の各文の傍線部を言い換えよ。

a 君の話は抽象的だ。

↓ [　　　　]

b もう少し具体的に話してくれ。

↓ [　　　　]

❹ 次の文中の空欄に【具体・抽象】のどちらかを記せ。

科学は誰にでも通用する法則を求めるので、[　　　　]の世界だが、文学は生々しい一回限りの現実やイメージを描こうとする点で、[　　　　]を重んじる。

Step 2

5 評論読解に必要な基本語 (2)

評論用語のなかでも、頻出する語句を、対義語とペアで覚えていこう。

解答は別冊10・11ページ

主体 ⇔ 客体

主体…①自分の意志に基づいて考えたり、働きかけたりするもの
②物事を認識する(理性をもった)自己

客体…**主体**から働きかけを受ける側。認識される側。

関連語

- **主観**…自己＝「主体」が認識するときの意識の働き。個人的なものの考え方、見方。
- **主観的**…自分だけの考え方や見方にかたよっているさま
- **主体性**…自分の意志と責任の自覚をもって考え、行動する態度 ≒主体的
- **客観**…①自分と関わりなく存在する対象
②主観から離れ、誰が見ても同じように見えること
- **客観的**…(右の②の意味から、)個人の主観から離れ、誰にとっても変わらないさま
- **理性**…感覚などに左右されず、論理的に物事を考える働き
- **対象**…意識や認識などの作用が向けられるもの ≒客体・オブジェクト
- **対象化**…距離を置いて見ること

文章によっては**主体**と**主観**、**客体**と**客観**は同じ意味で用いられることもある。また理性は感性より優《すぐ》れているという考え方が近現代には見られる。

チェック問題

❶ 次の文中の空欄に適切な語句を記せ。

私たちは意識しないにせよ、日々ある対象に関する認識を行っている。その認識を行う「私」を［　　］と呼び、認識される対象を［　　］と呼ぶ。

❷ 次の文中の傍線部を、【主観・客観】のどちらかを用いて解答欄に合う形で記せ。

私たちは誰か大事な人を待っているとき、その時間がとても長く感じられる。その時間に対する感覚はその時点における A その人だけのものだといえる。

一方、時計で示される時間は、B 誰もが共有できる時間だといえるだろう。

A その人だけのもの

普遍⇔特殊・個別

普遍…どこでも誰にでも、すべてのものに当てはまること

特殊…ふつうのものと違っていること。特定のときに特定のもの／人にのみ成り立つこと。≒**個別**（本冊P30「**個人**」参照）

関連語

・**一般**…①ある共通する要素が全体に行きわたっていること
②ふつうであること

・**遍在**…どこにでもあること。（偏在…ある所にかたよってあること、と間違えないように。）

例外が一つもなく、どんなときでもどんな場所でも成り立つもの、それが「**普遍**」。キリスト教に関連する「カトリック」という言葉は、もともと「**普遍的**」という意味をもつ。つまりキリスト教は人類すべてに信仰され、世界を救うものでなければならないのだ。だからザビエルさんも荒波越えて日本に布教にやってきた。「**普遍**」の反対語には「**特殊**」のほか、「**個別**」・「**個人**」なども当てはまる。

「**一般**」も「**普遍**」とほぼ同義だが、「**一般**」は、おおよそ共通して当てはまるということで、「**一般**」から外れる例外もある。「**普遍**」には基本的には例外はない。

定量的⇔定性的

定量的…物事を量や数値で測ったり分析したりするさま

定性的…数値では測れない性質やその変化を分析するさま

↓
[　　　　]なもの

B 誰もが共有できる時間
↓
[　　　　]な時間

❸「普遍」の反対語を二つ記せ。

[　　　　]　[　　　　]

❹ 次の文中の空欄に［普遍・一般・特殊］のうち、当てはまるものを記せ。ただし同じものを二度用いてはならない。

A 国家とは、権力を手にした者が、地域や集団を統治しようとしてできた歴史的なものであり、決して[　　　　]的なものではない。

B 日本のように、国の形態が群島であるというのは、やはり、[　　　　]だといえる。

C たとえば刺身のように、魚を生で食べるのは、我が国では[　　　　]的だが、やはりまだ日本独特の習慣だといってよいだろう。

Step 2

6 評論読解に必要な基本語（3）

今回の語句は、問題文の読解、選択肢の読解、空欄補充問題などでも「絶対」必要な重要語句だ！

絶対 ⇔ 相対

絶対…他の何ものとも比較されず、他と取り替えがきかないこと。どんな制約や条件も受けつけないこと。

関連語

- **絶対的**…他のものと比較したり取り替えたりできないさま。ダントツ。
- **絶対化**…何ものとも取り替えのきかない、飛び抜けた存在と見なすこと。他を認めないこと。
- **絶対者**…神などのこと。

相対…他と関係しあったり、比較されたりすることで成り立ち、存在すること。（向かい合うこと、対立すること。）

関連語

- **相対的**…他と関係しあったり、比較されたりすることで成り立ち、存在するさま。またはそれによって価値が決まったり変わったりするさま（「変化」するという点で、「**流動的**」などと近い意味をもつ場合もある）。
- **相対化**…他と比較して捉《とら》えること。冷静に物事や、その価値を見つめ直すこと。
- **相対主義**…＋いろいろな価値を認めていこうとする考え方
－この世界に絶対的なものなどないと考えること

チェック問題

解答は別冊12・13ページ

❶ 次の文中の空欄に［絶対・相対］のどちらかを記せ。

科学を［　　］的なものとみなす考えが誤《ご》謬《びゅう》（＝過《あやま》ち）であることが、原発事故などで明らかになった。私たちはもはや「原発＝安全」という図式を信じることはできない。すなわち、テクノロジーに［　　］的な価値を置くのではなく、自然や環境、そして人間との関係性のなかで、科学を［　　］化して見つめ直さなければならない時期に来ているのである。

昔々あるところにアイちゃんのことが大好きなウエオ君という子がいました。ウエオ君は他の子には目もくれず（これは「**絶対化**」です）、「きっと、アイちゃんはトイレにも行かないんだっ！」と思っていました。
でも人の心は変わるものです。そのうちウエオ君はアイちゃんのほかにクケコちゃんのことも好きになってしまいました。ウエオ君は「かわいいのはアイちゃんのほうだけど、クケコちゃんは優しいんだよな」と二人を比べていました（このときアイちゃんは「**絶対的**」存在から「**相対的**」存在になりました）。そしてウエオ君は「よく考えたらトイレに行かない人間なんているはずないな」と思いました。こうしてウエオ君はアイちゃんを「**相対化**」しました。アイちゃんには失礼で嫌なことかもしれませんが、「**相対化**」自体は、物事の真の姿に近づくことでもありますから、基本的にはよいことです。

自律 ⇔ 他律

自律…自分で自分のことをコントロールすること
他律…自分の意志ではなく、他人や外部の力によって強《し》いられて行動すること

関連語
- 自立…他の援助や支配を受けないで自分だけの力で身を立てること

カオス ⇔ コスモス

カオス…混沌《こんとん》。秩序が成り立つ以前の状態。
コスモス…秩序。宇宙。

❷ 次の文の傍線部の表現を、傍線部の言葉をできるだけ使わずに言い換えよ。

たんに相手の考えを批判するのではなく、自分のものの見方をも冷静に見つめ直してみることも大切だ。

↓

❸「現代の価値観は相対的だ」という文の内容と最も関連がない事柄を一つ選べ。

A 「価値観」が複数存在すること。
B 個々人の価値観が多様であること。
C 個々人が自立していないということ。
D 変化しやすい世の中であるということ。

Step 2

7 評論読解に必要な基本語(4)

ペアで覚える頻出語のラストだ。一つ一つしっかりと意味と使い方を覚えていこう。そして今まで覚えた言葉も確認しよう。

解答は別冊14・15ページ

一義 ⇔ 多義

一義…①一つの意味、単純 ②最も重要(な意味)であること ≒ 第一義

多義…様々な意味(意義)をもつこと。複雑。

関連語

- **第一義(的)**…一番大事なこと、そうしたさま
- **両義的**…(正反対の)二つの意味をもつさま ≒ 二面的
- **二義的**…あまり大事ではないさま ≒ 第二義的・二次的

形而上(メタフィジカル) ⇔ 形而下(フィジカル)

形而上《けいじじょう》…目に見えない、思考でだけ捉《とら》えられるもの

形而下《けいじか》…感覚、知覚で捉《とら》えられる物質的なもの

関連語

- **形而上学《けいじじょうがく》**…現象の背後にある、目に見えない物事の本質を捉《とら》えようとする学問(神の存在証明、存在自体の根本原理の探究など)
- **メタレベル**…あるものを超えた高い次元

有機的 ⇔ 無機的

有機的…①全体と部分が密接なつながりをもった ②生き生きとした

無機的…生命的なものが感じられない。温《あたた》かみのない。

チェック問題

❶ **次の文中の傍線部を簡潔に言い換えよ。**

一見^{A}一義的なように思われる言葉が^{B}両義性、あるいは^{C}多義性を含むところに、詩の言葉の^{D}第一義的な特質がある。

A 一義的な → [　　　]

B 両義性 → [　　　]

C 多義性 → [　　　]

D 第一義的な → [　　　]

❷ **次の文中の空欄に当てはまる適切な内容を記せ(二つめと三つめは順不同)。**

[　　　] という意味をもつ「無機的」という語に対して、「有機的」

帰納 ⇔ 演繹

帰納…個々の具体的事実や経験から結論を導き出すこと

演繹《えんえき》…一般的な前提や仮説、法則から、論理だけで個々の具体的事実に説明を加え、仮説や法則の正しさを示すこと

≒ 一つのことをいろいろなものに当てはめること

帰納と演繹《えんえき》については次のようなイメージで覚えよう。

どっちがどっちかわからなくなったら、矢印が一つのところに〈帰る〉上の図が「**帰納**」だと覚えておけばいい。

ハレ(晴れ) ⇔ ケ(褻)

ハレ…①表立って正式・公式であること。非日常。
②晴れがましいこと

ケ…公式ではないこと。普段。日常。

求心的 ⇔ 遠心的

求心的…物事の中心(内部)へ向かおうとするさま

遠心的…中心から遠ざかろうとするさま

という語には、［　　］と［　　］という二つの意味があり、文脈に合わせて適宜《てきぎ》どちらの意味かを判断していく必要がある。

❸ 次の文中の空欄に［具体化・抽象化］のどちらかを記せ。

「帰納」が、個々の具体的事象から結論を導くという点で［　　］と通じる意味をもつのに対し、「演繹《えんえき》」は法則や仮説を個々の事実に当てはめていくという点で、［　　］に近いともいえる。

❹ 次の文中の空欄に当てはまる語句を記せ。

「ハレ」や「ケ」という言葉は、**昔の風俗習慣のなかに文化の本質を探ろうとする**民俗学や文化人類学で使われる言葉で、［　　］が「公」に、［　　］が「私」に対応するともいえる。

Step 2

8 評論読解に必要な基本語（5）

ここからは、単語として頻出する重要語を確認していこう。

象徴

象徴…① 抽象的なものを具体的なものに置き換える、あるいは具体的なもので暗示すること。またその具体的なもの。
ex「ハト（具体物）は平和（抽象的な事柄）の象徴」
② それ自体とは別のものを指し示す目印・記号

関連語

- **シンボル**…抽象的なものを示す具体物。ある意味を表す記号（言葉など）。
- **表象**…抽象的なものを示す具体物：記号。意識のなかに浮かぶ像・イメージ

人間は言葉をもち、思考することができるようになった。そしてさまざまなもののなかに、ある「徴」（しるし・「**象徴**」の「徴」）を見つけ、その意味を読み解こうとするようになった。たとえば雷を神の怒りの現れと**置き換え**たり、見なしたりするというように、人間は、それ自体とは別の意味を示す「**象徴**」を創《つく》り出してきた。それは宗教という文化につながる。それゆえ人間の文化自体が、そうして創り出されてきた「**象徴**」の集まりだともいえるのだ。

インテリゲンチャ

インテリゲンチャ…知的な仕事についている人。知識人。インテリ。

チェック問題

解答は別冊16・17ページ

❶ 次の文中の空欄に入れるのに最も適当な語句を後の［　］から一つずつ選び、記せ。

「象徴」という言葉は、文脈に応じていろいろな意味をもつが、基本的には［A］的な物事を［B］的なものに置き換えることである。また言葉など、つまり［C］を指すこともある。「象徴」という言葉を簡潔に他の単語で言い換えてみるときには、［D］・［E］などの単語を思い浮かべるとよい。（D・Eは逆でもよい）

［代替　具体　暗示　記号　抽象］

逆説（パラドックス）

逆説…①常識と一見異なるが真理を示している考え方・表現
②相反する事柄が同時に同次元に存在すること ≒ 矛盾

「**逆説**」は辞書には①の意味の例として「急がば回れ（急ぐなら回り道をしたほうがよい。なぜなら急ぐと事故などを起こしやすくなるから→急ぐなら最短距離を行け、という常識に反するが、一面の真理を示している）」が挙げられているが、評論では、②の「相反する事柄が同時に同次元に存在すること」という意味でもよく使われる。（ex **自由**を手にすればするほど、**逆に（かえって）**人は何をしてよいかわからず**不自由**を感じてしまう。）

「**逆説**」を説明するときには、説明の真ん中に「かえって・逆に・同時に」などをはさむと「**逆説**」のニュアンスが出る。

関連語

（「**逆説**（とくに②の意味）」が相反するものの関係を示すことに関連して）

- **矛盾**…つじつまの合わないこと。対立する二つの事柄が同時に存在する（互いに否定し合う）こと。≒ **撞着**《どうちゃく》
- **差異**…違い
- **対照**…二つのものを照らし合わせること。コントラスト。
- **対照的**…二つのものの違いが際立つこと
- **乖離**《かいり》…二つのものが背《そむ》き離れること
- **齟齬**《そご》…食い違い　ex「齟齬《そご》が生じる」「齟齬《そご》をきたす」

体系

体系…別々のものをまとめた組織。全体的なシステム。

---

❷「自由」と「不自由」という語句を用いて、次の空欄に「逆説」の例文を記せ。

という「逆説」。

❸「逆説」の例として最も適当なものを一つ選べ。

A　油断大敵
B　異口同音
C　慇懃無礼《いんぎんぶれい》
D　内憂外患《ないゆうがいかん》

Step 2

9 評論読解に必要な基本語（6）

Step2の最後だ。さまざまな語を一つ一つ大事に覚えていこう。

解答は別冊18・19ページ

蓋然・蓋然性

蓋然《がいぜん》…ある程度確かであること

蓋然性《がいぜんせい》…ある事が実際に起きるかどうかの確実さの度合 ≒ **可能性**

必然＝**〈必ずそうなること〉**⇔**偶然**＝**〈たまたまそうなること〉**。**蓋然**はそのまんなかで〈たぶんそうなるかも〉という意味。模試の判定は**蓋然**で**必然**じゃない。だから、悪い判定でも落ち込まない！

可塑性

可塑《かそ》性…形が変わる性質。変化した形がそのまま残る性質。

還元

還元…①元に戻すこと
②別のものを同じものと見なすこと ≒ 単純化

関連語

・**収斂《しゅうれん》**…一つのところに集まる（集める）こと

・**敷衍《ふえん》**…①おし広げること
②意味や内容を他のものにも広げてわかりやすく説明すること

チェック問題

❶ 次の文章の傍線部に最も近い意味をもつ語句を後の［　］から一つずつ選び、記せ。ただし同じものを二度用いてはならない。

かつては、^A^神や目に見えない何者かが人々に与えたと信じられていたものは、必ずそうなるという意味で^B^宿命と呼ばれ、逃れようのないことだった。それは人々が生きる自由をもたないということでもあったが、逆にいえば、今ここに生きていることの理由を神が与えてくれたということでもあった。それゆえ神などの存在を否定したとき、人々はたしかに自由を得たが、自分の存在や生に^C^根拠がないことに不安を抱くようにもなったのである。

［必然　偶然　超越者］

A ［　　］

B ［　　］

C ［　　］

陥穽

陥穽《かんせい》…落とし穴・わな

契機

契機…①きっかけ　②大事な要素

超〜

超〜…①ある限度を通りこしていてすごい　ex「超満員」
②「〜」をはみ出す、「〜」と無関係になる（本冊P6「**超自然**」参照）

関連語
- **超現実的**…現実を超えた不思議なさま→シュールレアリスム（本冊P88）
- **超越的**《ちょうえつ》…現実や人間のレベルを超えていること。**超越者**＝神など。
- **超克**《ちょうこく》…困難を乗りこえ、それにうちかつこと

通俗的

通俗的…**－**低級な言動でウケをねらうさま

払拭

払拭《ふっしょく》**(する)**…すっかりきれいに取り除くこと

---

❷ 次の文中の空欄に当てはまる語句を後の［　］から一つずつ選び、記せ。ただし同じものを二度用いてはならない。

日本人は物質がしかける［A］にはまってしまった。換言する（言い換える）ならば物の豊かさが心の豊かさを与えてくれると思ってしまったのだ。だが心の満足を物質的な満足に［B］することはできない。最近、大きな災害を［C］として人々が無償の（見返りを求めない）行為をする姿が見られる。［D］するならば、こうした行動は社会貢献という言葉に［E］していくともいえる。しかしこうした行動が、結局は自己満足にすぎないのではないかとみずからの心のうちを垣間《かいま》見た人は、自分の心のなかにある空虚さを［F］することができないだろう。それほど現代人の抱える心の空虚さは深いのかもしれない。

［契機　払拭　陥穽　収斂　敷衍　還元］

1 評論読解に必要な基本語　実戦演習問題

最初の実戦演習問題（だから選択肢も四つ）。語句の意味とともに、筆者の意見と一般論との区切りをしっかり見極める、という読解のルールもつかもう。

解答は別冊20・21ページ

次の文章を読んで後の問いに答えよ。

若い頃にはよく注意されたものである。「ちゃんと現実を見なさい、現実を」と。その現実なるものがよくわからなかったから、現実とはどういうものか、いつも頭の隅で考えていた。大人になれば、あれこれ現実というものに触れるはずだ。そうなれば、少しは「現実がわかる」ようになるだろう、と。

ところがいつまでたっても、その「現実」なるものがわからない。とうとう自分で勝手に定義することになった。現実とは「その人の行動に影響を与えるもの」である。それ以外にない。そう思ったら、長年の重荷が下りてしまった。

だから現実は人によって違う。唯一客観的現実なんてものは、皮肉なことに、典型的な［A］である。だって、だれもそれを知らないからである。私が演壇の上で講演をしているとする。聴衆の目に映る私の姿は、すべて異なっている。なぜなら私を見る角度は、全員が異なっているからである。それならテレビカメラは、どの角度から私を捉《とら》えたら、「［B］」映像となるのか。二人の人が同一の視点から、同じものを見るなんてことは、それこそ「客観的に不可能」なのである。

こういうことをいうと、すぐに（注1）屁理屈《へりくつ》だといわれる。人それぞれ、見うる角度が違うからどうだというのだ。そんなことは些細《ささい》な違いにしか過ぎないじゃないか。そういう些細なことに囚《とら》われるのが学者というもので、だから世間の役に立たないのだ。

それははたしてC「些細なこと」だろうか。それを些細なことと見なすことで、近代社会は「進歩発展」してきた。だから特定のカメラマンが特定の角度から、特定の時点で撮影した映像を、客観的映像などと（注2）強弁するのである。

注

1 **屁理屈**…筋や道理に合わない議論、理屈。

2 **強弁**…無理に理屈をこねて言い張ること。

（養老孟司『ぼちぼち結論』）――（東京女子大学で出題された文章の一部）

1

空欄 A に入れるのに最も適当な語句を、次のア～エの中から一つ選べ。

ア　具体
イ　相対
ウ　絶対
エ　抽象

答

2

空欄 B に入れるのに最も適当な語句を、次のア～エの中から一つ選べ。

ア　客観的
イ　有機的
ウ　無機的
エ　主観的

答

3

傍線部C「特定のカメラマンが特定の角度から、特定の時点で撮影した映像を、客観的映像などと強弁する」とあるが、「特定の角度から、特定の時点で撮影した映像」が「客観的映像」である事態を表現するのに最も適当な語句を、次のア～エの中から一つ選べ。

ア　逆説的事態
イ　普遍的事態
ウ　本質的事態
エ　一義的事態

答

Step3 頻出テーマ別重要キーワード　プロローグ

古代から現代へ

さあ、だんだん抽象的な語句が多くなるが、文章に頻出する言葉ばかり。これらの言葉を自分のものにしていけば、賢くなること間違いなし！

まずここでは私たちの社会がどのような形で変化し、現代に至っているのかを、西欧社会を基準にまとめてみよう。

Ⅰ 古代…精神と肉体が調和していたとされる人間的な時代

ギリシア思想

理性による法則の探求➡科学・哲学の芽生え

＋

キリスト教思想

唯一の神に対して一人の個人が自己の意志においてその神を選ぶ➡個人主義の基盤

Ⅱ 中世（前近代）…〈暗黒時代〉とも呼ばれる

①キリスト教による支配➡宗教的な道徳・権威による秩序と階層が形成されている社会
②村落共同体・宗教共同体（教会など）を中心とした生活➡集団に拘束される➡不自由

Ⅲ 近代（ルネサンスor18C以降・日本では一般には明治以降）…人間が神になる!?

①ルネサンス…〈ギリシア・ローマの古典文化に戻れ〉を合い言葉に解放された人間のあり方を求めた
②神の代わりに人間が世界を支配しようとする**人間中心主義**の時代
③人間が**科学技術**によって世界や自然を支配しようとした**科学**の時代≒**近代化**
④**科学**を支える人間の知性・理性が重んじられた➡**合理主義**（＝すべてを理性や法則で説明しようとする考え方）
⑤共同体から解放された個人が自由や平等を求めて生きようとする➡集団より個人を大事にしようとする**個人主義**
⑥欲望も解放された➡**資本主義**の時代

⑦宗教や共同体に代わり、〈民族〉や〈国民〉という概念をもとにした**国民国家**（ネーション・ステート）の誕生
⑧世界をリードした**西欧中心**（≒西欧中心主義）の時代⬇**西欧化**≒近代化

近代社会がつくりだした問題点

①**科学技術**の進展が自然破壊をもたらした
②**合理主義**が、人間の本質でもある非合理なもの（わけのわからないもの…死・狂気など）を過剰に排除した
③**個人主義**が単なるエゴイズムになってしまった
④**資本主義**という自由な経済が〈弱肉強食〉の競争社会を生み出した

Ⅳ 現代（後期近代・脱近代≒ポスト・モダン）…近代的な特色を引きずりながらも、近代の問題点を乗りこえようとする時代

①人間を個としてではなく、他者との**関係**のなかで生きる存在だと考える
②科学の行き過ぎを正し、自然との調和を考えていこうとする⬇エコロジー
③多様な人間のあり方を認めていこうとする⬇共生・マイノリティの尊重
④西欧以外の文化のあり方をも認めようとする⬇文化相対主義
⑤**資本主義**の進化…ポスト産業資本主義（独創的な知や変革で利益を得る）の時代へ⬇グローバリゼーション
⑥インターネットの普及などによって、近代国民国家の枠組みを超える営みが生まれている⬇グローバリゼーションと、空間を超えたネットワークの形成

▼▼▼このように〈近代〉という時代を経て、世界は大きく宗教的世界から人間中心の世界へと変化した（こうした事態を「**世俗化**」ともいう）。そして近代文明のもたらした恩恵に助けられながらも、近代のもたらした様々な問題をなんとか打開していく方法を探していかなければいけない時代が、私たちの〈現代〉という社会なのだということを確認しておこう。

Step 3

頻出テーマ別重要キーワード　テーマ①

〈私〉―― この不可思議なるもの

誰もが「この世で一番大事なものは何？」って聞かれると、「〈私〉」あるいは「〈私〉の命」って答えるのではないでしょうか。もちろん「〈私〉を生んでくれた親です」とか、「恋人です」とかいう答えもあるかもしれない。でもそれは結局今いる自分がかけがえのない存在だからこそ、出てくる答えでしょう。

にもかかわらず、〈私〉は〈私〉のことをほとんど知らない。まず物理的に、肉体的に知らない。みんな自分の背中全体をはっきり見たことありますか？　鏡を使ってかなり努力しないと見えないですね。足の裏は？　これもかなり身体が柔らかくないと無理ですね。「自分のことは自分が一番よくわかってる」なんていうけど、眼《め》に見える身体でさえこうなのです。

なのに、なんで〈私〉は一番大事なんでしょう？　「自分だから」？　その答えは「なんで〈私〉が大事なの？」➡「〈私〉だから」という、堂々巡《どうどうめぐ》りの、答えにならない答えです。

そもそも〈私〉は鏡がなければ、自分の顔も見えない人なんです。その鏡のなかの〈私〉の顔も、実は左右反対の〈私〉かもしれないのに、一体どこで〈私〉は、〈私〉の顔を覚えたんでしょうか？　それなのにそれが世界で一番大事なもの？　…ということは世界や現実とか事実とか言われているものは、もっと曖昧《あいまい》なものになる。

〈私〉も世界もみんな〈不可思議〉な幻？　この〈不可思議〉な「〈私〉」にず～っとみんなこだわってきたのでした。とくに〈近代〉という時代は。これも「〈私〉」が〈不可思議〉だから仕方がないのでしょうけど、悲しいことに「〈私〉」の〈不可思議〉さは〈不可思議〉のままです。

〈私〉に対する考え方の移り変わり

封建社会(前近代)

〈私〉は血筋・身分などによって、外側の世界から決められた

「おめえは誰じゃ？」→「○○村の田吾作《たごさく》の息子っす」

近代社会

〈私〉は身分などから解放されたが、
〈私〉が誰か、何になるかは自分自身が決めなければならなくなった

「〈私〉は誰？」→「自分で決めなはれ」

↓

外の世界や他人と関わらず、自分の世界に閉じこもり、
独自の**〈私〉**をつくる＝〈**近代的自我**〉＝個性の尊重

現代社会

本当に**〈私〉**は外の世界と関係ないのか？
〈個性〉なんてものが本当にあるのか？

↓

〈私〉は他者との関係においてつくられる

「近しい人が〈私〉を太郎と呼ぶから太郎なんだ」

⇒ 他者や外部との関係のなかにいろいろな自分が現れる
そのすべてが〈私〉＝ いろいろな〈私〉がいていい
⇒ 〈私〉はいろいろなのだから、確かな〈個性〉などない

Step 3

10 頻出テーマ①私

さあ不思議な〈私〉のミラクルワールドへ。昔から人間は、〈私〉についてどんなことを考えてきたのだろう？

解答は別冊22・23ページ

自我

自我…〈私〉＝自己に関する意識。意識が向かう対象である自己。

関連語

- **意識**…自分の今の状態や周囲の状況などに関して、経験や認識として感じることができること
- **無意識**…意識することはできないが、人間の心身や行動に何らかの影響を与えている心の深い層
- **個人**…社会をつくる一番小さな単位。共同体から解放され、自立した存在。
- **個人主義**…集団よりも個人の意志やあり方を尊重しようとする考え方
- **アイデンティティ**…いつも同じ自分＝同一性・自己同一性。確かな自分。～らしさ。
- **近代的自我**…他人の影響を受けず、自力で自己を形成していこうとする〈私〉のあり方で、とくに近代で重んじられた

本冊P28でも少し触れたが、人は鏡に映る自分の姿を見て、自分の身体を認識し、これが自分だと理解していく。この自己像が〈自我〉となるというふうに、精神分析学者のラカンという人は考えた。

・精神分析学…フロイトによって創始された心理学の分野。人間の精神には意識だけでなく無意識の領域が存在し、それが人間の心身や行動に大きな影響を与えているとして、無意識を重視する。

チェック問題

❶ 次の文中の傍線部を言い換えた場合、最も適当な語句を後の選択肢から一つ選べ。

少年の頃の自分と、今の自分では肉体を形成する物質や大きさも変化しているが、それでもやはり「同じ自分」である。

ア　パラドックス
イ　カオス
ウ　アイデンティティ
エ　メタフィジカル
オ　コスモス

□

身体

身体…精神と区別される物質的肉体。（あえて〈身体〉と書いて精神と身の双方を含むことを示す著者もいる。）

関連語

- **心身二元論**…精神と肉体を異なる二つの存在と見なす考え方。とくに肉体をモノとして活用しようとする（ex 臓器移植）近代（科学）においては、こうした考え方が強まっていく。
- **実存**…実際にあること。人間の生々しい具体的なあり方。

近代的な考え方では、喩《たと》えるならば人間の〈自我〉は、柿のなかの種のような明確な実体と考えられた。そして柿の種は、自分の内の部分だけから栄養を取って育っていく、つまり外部とは無縁な形で〈自我〉は育つ。それが個人主義的な考え方のなかで尊重された〈**近代的自我**〉のイメージだ。つまり「他者？　そんなの関係ない！」ということだ。でも現代では、自己は他人との関係のなかに現れるもの、〈**関係のなかの自己**〉として捉《とら》えられるようになっている（これらについてはまた頻出テーマ⑦「ものの考え方（思想・哲学・宗教）」のところで触れますが、頭のなかに入れておいて下さい）。

自恃

自《じ》恃《じ》…プライド。自分に対する自信。≒自負

---

❷ **次の文中の空欄に入れるのに最も適当な語句を後の［　］から一つずつ選び、記せ。**

〈私〉は［A］と精神をもち、その精神の内部には［B］と［C］があると考えられている。また精神において、〈私〉を意識するもう一人の〈私〉とは、［D］のことだと言い換えることができる。（B・Cは逆でもよい）

実存　意識　自我　肉体　無意識

❸ **次のような考え方を何というか、解答欄に記せ。**

人間の精神と肉体とはまったく別個のものとして存在するという考え方

↓ ［　　　　］

2 私　実戦演習問題

〈私〉のあり方やつくられ方を、近代と前近代を対比している文章構造に即して理解しよう。また本文中のカタカナ語もできるだけ覚えよう。

解答は別冊24・25ページ

次の文章を読んで後の問いに答えよ。

自己分析という言葉をよく耳にするようになった。私探しやアイデンティティの確立といったことは以前からいわれてきたが、ついにそれも社会生活に不可欠の技術あるいは道徳的義務にまでなったようである。それをもって個人が社会から「存在証明を煽《あお》られている」ようになったのだという見方もある。だが、必ずしもそればかりではない。そもそも、人間はつねに自分が何者であるかを求める存在だともいえる。ただし、近代になるまで、あるいは近代のある時代までは、個人が何であるかは社会によってかなり動かし難く規定されていた。そのような社会では、自分のことを証明する必要はない。だが近代化とともに個々人のあり方の流動性が高まり、個人は自らの存在証明を強く求めざるをえなくなってきた。

おそらく近代以前の社会では、個々人が自ら[A]〈私づくり〉をすることなどまったく想像もつかなかっただろう。いずれの文化圏でも、前近代の人びとは、生まれやしきたり、世襲《せしゅう》などの伝統的な制度や規範、慣習に縛《しば》られていて、個人のあり方もかなりの程度は規定されていた。この時代に生活していた人びとにとって、自らのアイデンティティをつくりだすことには、今日では到底考えられないほどの制約があったに違いない。つまり、個人に〈私づくり〉のイニシアティヴ(注1)など、ほとんど求めようもなかったはずである。

だが、[B]近代になると、個人にとっての〈私〉は、生まれつき決められたものから、自分の手でつくりだすものへと変わっていく。個人のアイデンティティは、生得的(注2)なものから獲得的なものになった。個人はそれぞれ自分の手で、自らの個性や人格、イメージやアイデンティティをつくり、それを他人

注

1 **イニシアティヴ**…主導権。
2 **生得的**…生まれつきであるさま。

に向けて自己表現として示し、維持しようとするようになった。このとき個人の自己アイデンティティは、その個人自身の自由裁量の問題、あるいはプライベートな問題となる。

（阪本俊生『ポスト・プライバシー』）

（早稲田大学で出題された文章の一部）

1 **傍線部A「〈私づくり〉」とほぼ同じ内容を問題文から十字以上十五字以内で抜き出して記せ。**

答

2 **傍線部B「近代になると、個人にとっての〈私〉は、生まれつき決められたものから、自分の手でつくりだすものへと変わっていく」とあるが、なぜか。最も適当なものを、次のア〜オの中から一つ選べ。**

ア　近代になって自由になった個人は、自分のイメージをその時々の社会に合わせる形でつくらなければならなくなったから。

イ　近代になって個人が〈私〉のあり方を自分で決めなければならなくなり、〈私〉は自らの力によって形成するものに変化したから。

ウ　近代になって個人のあり方が不安定になったために、流動的な社会のなかでの自己のあり方にも流動性をもたせる必要に迫られたから。

エ　近代になって苛酷《かこく》な競争社会になったために、人びとはそうした社会に流されない確かな自分をつくらなければならなくなったから。

オ　近代になって個人のあり方が流動的になり、それゆえ自分が何者であるかを社会に対して自分で証明し、表現していかなければならなくなったから。

答

Step3 頻出テーマ別重要キーワード　テーマ②

〈人の心〉――とめどなく揺れ動くもの

現代では、〈私〉という存在は〈関係〉として捉《とら》えられる、と頻出テーマ①〈私〉（本冊P29）に書いたが、〈私〉が関係するのは外の世界であり、それらをまとめていえば〈他者〉である。〈他者〉との関係が〈私〉をつくり、その関係のなかで、私たちのなかに様々な〈心〉＝情動が生まれる。

そして本冊P28には、「〈私〉」は幻かもしれない、とも書いた。でも「〈私〉」が幻なら、「〈私〉の心」なんて、幻の幻、幻の二乗＝「幻^2」…。

そんなものに振り回されて、ちょっとしたことで暗くなったり怒ったり…。「〈私〉の心」はなんでこんなにいろんなものに振り回されるのでしょうか？　それはたいてい他人や外の世界との関係において起こります。私たちは左ページの図のように、いろんな関係のなかで、いろんな自分を他人に対して差し出しながら生きています。親の前の自分と、友人の前の自分が同じっていう人はいないでしょう。そしていろんな感情が生まれて疲れます。でもそれが他人と一緒に生きていく人間の宿命なのかもしれません。

揺れ動く〈人の心〉

〈関係としての私〉＝複数の「〈私〉」

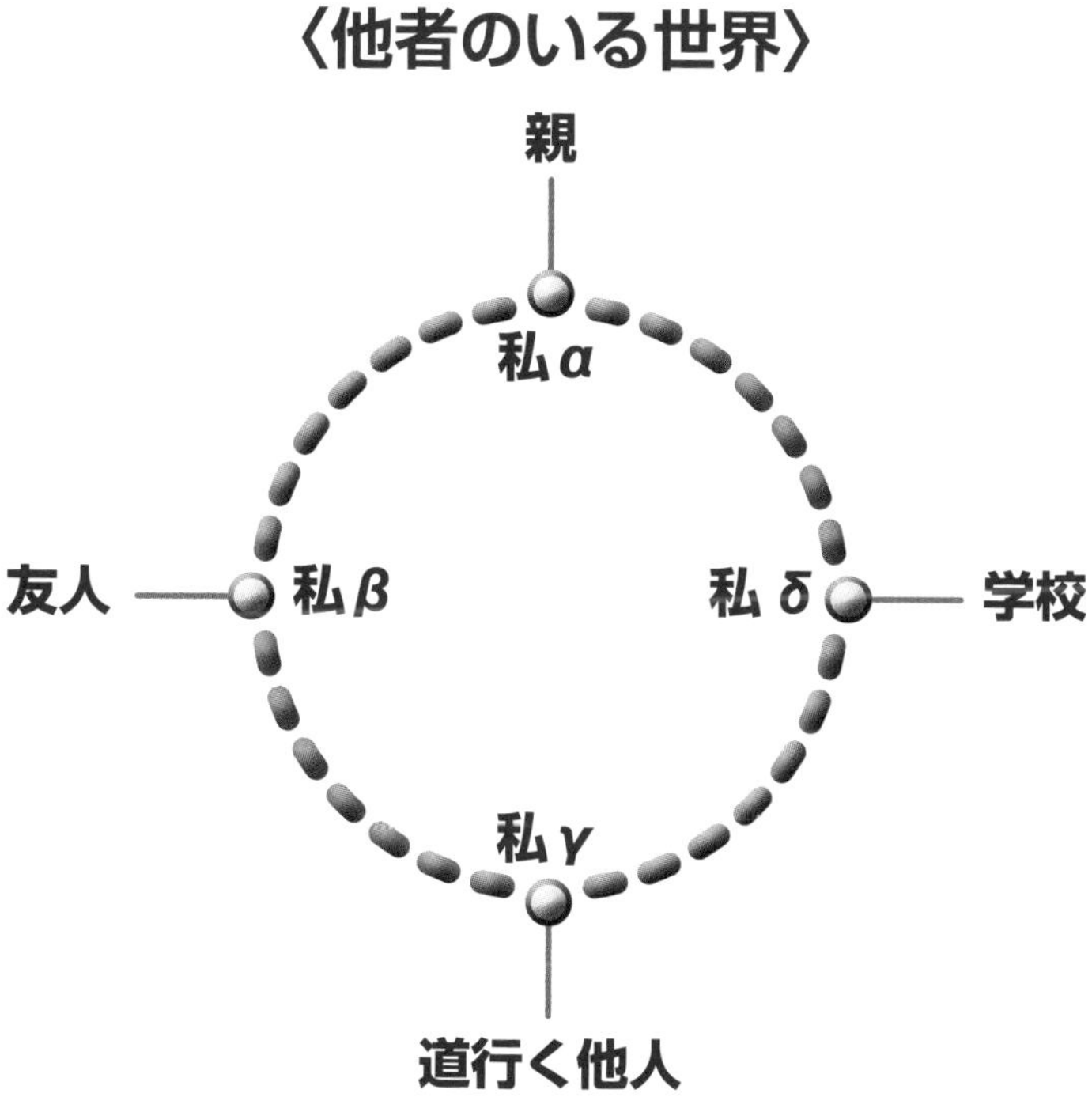

いろいろな状況のなかに生まれる〈私〉の「〈心〉の動き（＝情動）」

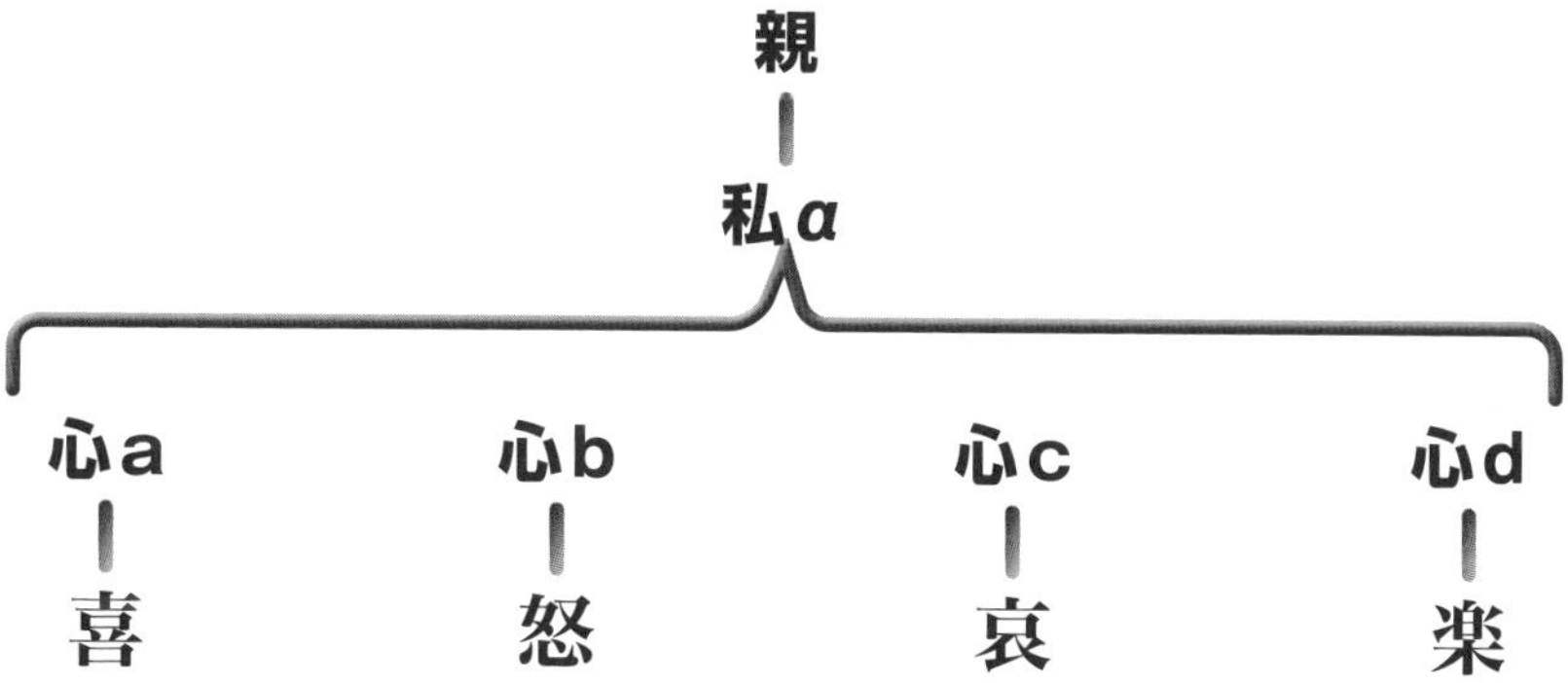

＊こうした関係を「**私β**」「**私γ**」「**私δ**」もそのつど持つ
→とりとめのない**〈心〉**

Step 3

11 頻出テーマ②人の心(1)

〈心〉は**精神**と同様、〈知性＋感情＋意志〉だともいえるし、**意識**＋**無意識**ともいえるが、ここでは揺れ動く〈情動〉として、それに関する語句を覚えよう。

感情

感情…喜怒哀楽や好き嫌いなどの気持ち

関連語

・**感情的**…ー理性を失い気持ちのまま振る舞うさま ≒〈キレた状態〉

感性

感性…外の世界の刺激に応じて感覚を生じさせる土台 ≒ 感受性

アンビヴァレンス

アンビヴァレンス…同じものに対して、（好きと嫌いというような）相反する感情を抱くこと。**両面価値**。

関連語

・**葛藤**《かっとう》…心のなかに二つ以上の欲求が同時に起こり、そのどっちを選ぶか迷っていること。もつれ。

・**ディレンマ**…相反する二つのことの**板ばさみ**になってどちらとも決めかねる、抜き差しならない状態。〈**ジレンマ**〉ともいう。

解答は別冊26・27ページ

チェック問題

❶ **次の語句と同じ意味のカタカナ語を記せ。**

A 虚無主義 ➡ ［　　　］

B 激情 ➡ ［　　　］

C 厭世《えんせい》（観）➡ ［　　　］

❷ **次の状態を表す語句をカタカナで記せ。**

私はある人に恋をしていた。だがその人は、いつまで経《た》っても私のその気持ちに気づいてはくれなかった。私の心のなかには、いつしかその人への愛と同時に、憎しみが存在していた。

［　　　］

厭世(観)

厭世《えんせい》(観)…世間や生きることを嫌だと思うこと。**ペシミズム**。

関連語

・ニヒリズム…生きることが無意味だと考えること。**虚無主義**。
・虚無…何もない状態。空虚。
・虚無感…何もなく、むなしいこと

郷愁

郷愁《きょうしゅう》…故郷や過去をなつかしむ気持ち。**ノスタルジー**。

パトス

パトス…激しい感情。パッション。

憧憬

憧憬《しょうけい》…あこがれ。〈ドウケイ〉と読むより、〈ショウケイ〉という読み方のほうを覚えよう。

辟易

辟易《へきえき》…①勢いに押されてたじろぐこと
②ほとほと困り果てること ≒ **閉口**《へいこう》

---

❸ 次の各文の傍線部を、適当な語句（漢字二字）で言い換えて記せ。ただしCについては二つ記せ。

A サッカーをしていた私にとって、彼はあこがれの人だった。

B 友達の秘密を知ったとき、心のなかで、誰かに話したいという気持ちと話してはいけないという二つの気持ちのぶつかりあいが生じた。

C 彼の自慢話には、いい加減困惑した。

D 昔見たことがあるような風景を見て、何かなつかしさを感じた。

A

B

C ・

D

Step 3

12 頻出テーマ②人の心(2)

〈心〉は当然だが、感情を含む。そしてそうした感情に導かれて人は言葉を発したり、行動したりする。そうした行動と感情に関する語句を覚えよう。

解答は別冊28・29ページ

恣意

恣《し》意《い》…勝手気ままなこと

刹那的

刹那《せつな》的…━後先《あとさき》考えずその瞬間の快楽を求めるさま

関連語

・**刹那《せつな》**…非常に短い時間。瞬間。

短絡的

短絡的…━物事や考え方の筋道を無視して安易に事柄同士を結びつけるさま

倒錯

倒錯《とうさく》…━心のあり方によって社会のモラル(=道徳)に反する行動をすること。上下を転倒すること。逆になること。

ナルシズム(ナルシシズム)

ナルシズム(ナルシシズム)…うぬぼれ。自己陶酔。自己愛。

ナルシスト(ナルシシスト)…うぬぼれ屋

チェック問題

❶ **次のような状態を表す語句を、漢字二字で記せ。**

A あまり考えず、「彼はワルだから、今回の犯人も彼だ!」などというさま

↓ □□的

B 一瞬の快楽に身をゆだねるさま

↓ □□的

C 物事の価値を信じないさま

↓ □□的

D 勝手気ままなさま

↓ □□的

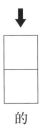

カタルシス

カタルシス…心のなかのしこり（＝こり固まったり、こんがらがった感情）を外に発散させること。浄化。

恍惚

恍惚《こうこつ》…うっとりする様子

羞恥

羞恥《しゅうち》…恥ずかしく思う気持ち。はじらい。

憂愁

憂愁《ゆうしゅう》…憂（＝心配・憂鬱）＋愁（＝うれい・心が沈みがちなこと）
↓うれいかなしむこと

真摯

真摯《しんし》…まじめでひたむきなさま

懐疑

懐疑《かいぎ》…物事の価値などについて疑いを抱くこと。またその疑い自体。

---

❷ **次の感情や状態を表す語句を漢字二字で記せ。**

A はじらい
↓ □□

B 心配で心が沈みがちな状態
↓ □□

C 陶酔《とうすい》するさま
↓ □□

D 心の内に溜《た》まった感情を吐《は》き出すこと
↓ □□

3 人の心　実戦演習問題

「人の心」について使う言葉が、この問題文のように、社会などに対して使われることも多い。現代社会論は入試の頻出ジャンルだから、こうした文章には慣れておこう。

解答は別冊30・31ページ

次の文章を読んで後の問いに答えよ。

世界の先進国民国家は、ボーダーレス化[注1]の進展にともなって一つの大きなディレンマに直面しようとしている。[A] すなわち、自国の経済の活力を保つためにはボーダーレス化の傾向に積極的に関わるほかはないが、ボーダーレス化に身をまかせれば、みずからの主権国家としての基盤が掘り崩されるからである。

近代国民国家の主権を犠牲にして超国家的な広域秩序を作るはずの欧州連合の場合でさえ、個々の加盟国を見れば、このディレンマはけっして克服されてはいない。イギリス国内では依然として欧州統合の推進派と［B］派の深刻な対立がつづいているが、この対立なども右のディレンマの表れと見ることができよう。

〈中略〉

欧州の通貨統合にかんしても、ドイツの国民の間には、［B］論が根強く残っている。いかに経済活動の国際化の必要が叫ばれようとも、近代国家のもっとも基本的な主権の一つである通貨の発行権を手放すことには、ドイツ国民の多くがまだまだ承服できないのである。

こうして先進国の国家としての枠組みを脅《おびや》かしているボーダーレス化の奔流《ほんりゅう》[注2]が、日本だけに優しいはずはない。日本もまた、自国の経済の活力を保つためには、〈中略〉ボーダーレス化の流れのなかに船を漕《こ》ぎ出さざるをえないが、それは、まさしく日本という国家が奔流のなかに飲み込まれる危険をはらむ。それなのに、日本では「規制緩和」[注3]や「国際化」があたかも万能薬であるかのごとく唱《とな》えられるだけで、それが自分たちの国家の枠組みを脅かしているという意識さえ稀薄《きはく》である。

注

1 **ボーダーレス化**…境界や国境が、あるいはそれらの意味がなくなること。

2 **奔流**…激しい勢い（流れ）。

3 **規制緩和**…事業などに対する政府の規制を縮減させること。たとえば銀行の業務を拡大させること。

（野田宣雄『二十世紀をどう見るか』）―（成城大学で出題された文章の一部）

1 傍線部A「ディレンマに直面しようとしている」とあるが、日本が今まさに「直面」する「ディレンマ」について述べた一文を本文中から抜き出し、その最初の五字を記せ。

答

2 空欄 B には同じ語句が入る。最も適当な語句を次のア～オから一つ選べ。

ア　穏健
イ　中立
ウ　理想
エ　懐疑
オ　革新

答

Step3 頻出テーマ別重要キーワード テーマ③

〈世の中（社会）〉―― めまぐるしく変わるもの

〈私〉という存在は、現代では〈他者との関係〉として捉《とら》えられると本冊P29で述べたが、その〈他者〉がいる外の世界が〈世の中（社会）〉だ。その現代の〈世の中〉は、なんだか追い立てられるようで、せわしない、セカセカしている。まず技術＝テクノロジー（科学技術）の進化が速い。携帯ができたと思ったら、次はスマホで、タブレットももっていないといけないみたいだし。「パソコンの基本ソフトのサポートが終了。ウィルスが入ってくる。セキュリティが危ないっ！」っていわれれば、新しいパソコンを買わないと（消費しないと）いけないのかな、とせわしない。

「ちっちゃいときから習い事やスポーツをさせていると、うちの子も大谷選手みたいになれるかもしれない」、なんて考える親が多くなってきたから、子どもは遊ぶ暇《ひま》もなく、せわしない。これから大学生になる人も多いだろう。就職はもう大学2年生のうちから考えて〈就活〉しないといけない、せわしない。年金が出ないから、歳《とし》を取っても働かない（労働しない）と食べていけない。のんびりした老後なんかない…せわしない。そしてイライラ→人と人との対立・分断…どうしてこうなってしまったのか？　それは今の世の中を、昔（とくに近代）のことと結びつけて考えてみるとわかる。つまり〈世の中（社会）〉の歴史を考えてみるのだ。左の図を見てみよう。

世の中(社会)の移り変わり

古代

自給自足＝狩猟から農耕定住へ

中世

封建社会…土地に根づき、領主に貢献する

➡ 土地や血筋によって結びつき、お互いを支え合う共同体

近代

・**市民社会**…土地や身分から解放された人々が、自立した個人として集まってつくる社会

・モノの生産を第一とする労働重視の社会

➡ 資本主義社会 ＋ 科学の進歩＝〈せわしなさ〉＋格差・分断

現代

・**消費社会**…資本主義が発達し、生産よりも消費へ＝〈せわしなさ〉

・**情報化社会**…情報が価値をもち消費される社会＝〈せわしなさ〉

＊現代社会が近代社会の価値観を受け継ぎながらも、それを変えていこうとしていることも押さえよう。

Step③

13 頻出テーマ③世の中(社会)(1)

今の世の中を説明する際に用いられる言葉をしっかり理解して、自分たちの社会をもう一度見わたすきっかけにしよう。

解答は別冊32・33ページ

国民国家

国民国家…近代につくられた、言葉や生活習慣の同じ〈国民・民族(=ネーション)〉によって構成された国家。民族国家。ネーション・ステート。

関連語

- **ナショナリズム**…自分たち国民や同じ民族の発展を推し進めようとする考え方。民族主義・国粋主義。

ナショナリズムが不健全な形で強まれば、外国人らは自分たちと同じ国民ではないものとして排除(=**疎外**)されてしまう。そうした排他性に傾く可能性を孕《はら》んでいるのが**ナショナリズム**だ。ちなみに、苛酷《かこく》な労働などによって〈自分らしさ〉を失うことも〈**疎外**(=**自己疎外**)〉という(本冊P49参照)。

- **マジョリティ**…国家や社会の主流を占める多数派
- **マイノリティ**…国家や社会の中での少数派。具体的には(**ナショナリズム**によって排除される)外国人や民族、一般的ではない宗教や性的傾向をもつ人々など。
- **民族**…文化・伝統・習慣などを共有する人々の集団

チェック問題

❶ 次の語と同じ意味を表す語句を漢字で記せ(字数条件については解答欄参照)。

A ナショナリズム ↓ □□□□

B マジョリティ ↓ □□□

C マイノリティ ↓ □□□

❷ 次の文の傍線部の状態を何というか。四字の語句で記せ。

資本主義社会のなかでは、厳しい労働によって、主体としての自らのあり方を失うことがある。

□□□□

市民社会

市民社会…社会から求められる義務を理性的に果たした個人が、社会のなかで権利を得て「**市民**」として生きる社会。こうした「**市民**」が**国民国家**を構成する人々だ。こういう意味の「**市民**」と、〈○○市の住民〉という意味での〈市民〉とは区別しよう。

グローバリゼーション（グローバル化）

グローバリゼーション（グローバル化）…国家の枠《わく》を超えて、世界規模でモノや人間、金銭が動く現象

〈民族〉というと、昔からそういう集団があったかのように思いがちだが、〈民族〉という考え方はかなり新しい考え方なのだ。だからそうした〈民族〉という考え方によって近代につくられた国民国家も実はもろい。本当はいろいろな人々がいるのに、同じ〈国民〉だと強引にまとめてしまったからである。時代の**趨勢**《すうせい》（＝物事の傾向。なりゆき。トレンド）は、そうした国民国家を超えて**グローバル化**へ向かっている。**グローバル化**を進めようという考え方を**グローバリズム**ということも覚えておこう。

---

❸ 次の文中の空欄に入る語句を後の［　］から一つずつ選び、記せ（同じ記号の空欄には同じ語が入る）。

近代においては、［A］を基盤にした［B］のなかで、それぞれの個人が［C］として生きる社会が思い描かれた。しかしそうした国家や社会のあり方を否定する事態が現代世界には数多く見受けられる。そうした流れの一つが［D］だといえる。しかしそうした流れに反発して、自民族の固有性をアピールしようとする［E］も活発になる。つまり［D］と［E］は、正反対のものでありながら、一対のものでもあるのである。

［グローバリゼーション　市民　民族　国民国家　ナショナリズム］

Step 3

14 頻出テーマ③世の中（社会）(2)

最初の二つの見出し語は現代社会を語るときに、よく用いられる大事なキーワード。しっかり理解しておこう。

解答は別冊34・35ページ

情報化社会

情報化社会…モノよりも情報が価値をもつ社会

本冊P56「資本主義」で説明するが、現代は「情報」そのものも利益を生み出す価値をもつポスト産業資本主義社会だ。こうした社会では「新しい情報」・「情報の速さ」が勝負。そしてそうした「情報」はインターネット技術などの発達と連動し、インターネットなどのなかに仮想のもう一つの現実をつくりだす（＝**ヴァーチャル・リアリティ**）。ゲームの世界とかね。

関連語

- **メディア**…二つのもの（ex 人間と情報）を仲立ちし、つなぐもの。日本語では「媒体」。
- **マス・メディア**…不特定の大量の受け手に向けて情報を発信する新聞・雑誌・テレビ・ラジオなどの「メディア」。日本では「マスコミ」と同じ意味で使われる。
- **メディア・リテラシー**…メディアを使いこなす知識。〈**リテラシー**〉は読み書き能力のこと。
- **ヴァーチャル・リアリティ**（バーチャル・リアリティ）…「**ヴァーチャル**」は〈仮想〉と〈実際の〉という相反するような二つの意味をもつ。**ヴァーチャル・リアリティ**は〈**仮想現実**〉と訳されることが多く、本物ではないかもしれないが本当のような現実＝インターネットの世界などをつくる技術や仕組みのことをいう。

チェック問題

❶ **次の語句と同じ意味のカタカナ語を記せ。**

A 媒体 ↓ （　　　　）

B 仮想現実 ↓ （　　　　）

C 読み書き能力 ↓ （　　　　）

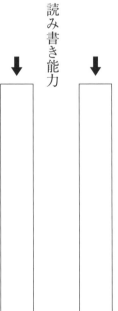

情報化社会の中では情報を発信する**メディア**の影響力は大きい（**メディア**にはご用心）。多くの人々に一方的に影響を与えるテレビなどの**マス・メディア**に対して、インターネットという**メディア**には、情報を受け取るだけではなく、情報の受け手が情報の発信もできるという、いわゆる双方向性がある。だが誰もが書き込めるということは、ウソや悪口も、フェイクも書き込めるということだ。だから〈炎上〉なども起きてしまう。

消費社会

消費社会…モノをつくることよりも、モノや情報を買うこと（＝**消費**すること）に価値を置く社会

自分でモノをつくるという〈生産〉活動よりも、お店で買う（「**消費**」）ほうがイイっていう人は多いでしょう。そういう「〈生産〉より**消費**！」というのが**消費社会**です。ほんとは〈生産〉がなければ「**消費**」も成り立たないのだけれど、みんなの興味は「**消費**」に向かいます。なぜ？　モノや情報にはブランドなどの価値がくっついていて、それを「**消費**」して自分のものにすることが、なんかhappyだったり、自分らしさをつくりだす喜びになるって思うのかも。

機構

機構…①組織などがつくりだす仕組み　②機械などの内部の構造

---

❷ **次の文章は「情報化社会」と「消費社会」のどちらについて述べたものか。解答欄に記せ。**

A　高級品を身につけていることが、〈自分は経済的に豊かだ〉という記号として作用する社会。

↓

B　みんなが見ている番組を見ていないことや、誰もが知っている知識を自分だけ知らないことが、とても不安に思える社会。

↓

Step 3

15 頻出テーマ③世の中（社会）(3)

対立や分断が進む現代において、互いの違いを理解し、ともに生きていこうという〈共生〉は大事なキーワードだ！

解答は別冊36・37ページ

エコロジー

エコロジー…本来は〈**生態系＝生物と環境をひとまとめにしたもの＝エコ・システム**〉を研究する生態学のこと。自然を保護しようという考え方。

近代に進展した科学技術や、自然を利用しモノをつくりだそうとした産業文明によって破壊された自然。そうした自然との敵対関係をつくりあげた近代文明から脱し、未来世代に対する責任として自然との共生を目指す、というのが**エコロジー**だ。

関連語

- **ポスト・モダン**…近代（＝モダン）の枠組みや考え方を乗りこえていこうとする動き。「ポスト」は「〜の後」という意味だが、〈**脱近代**〉と訳すことが多い。もともとは建築用語。
- **サステナブル**…持続可能であるさま。とくに、地球環境を壊さず、世界を長く維持できる状態をいう。SDGs（Sustainable Development Goals）＝持続可能な開発目標。

趨勢

趨勢《すうせい》…物事の向かう傾向。なりゆき。

ex「時代の趨勢《すうせい》」

疎外

（本冊P44も参照のこと）

疎外…排除すること

チェック問題

❶ 次の文中の空欄に入れるのに最も適当な語句（漢字二字）を記せ（同じ記号の空欄には同じ語が入る）。

近代文明は、［ A ］技術によって、［ B ］を支配し、人間のものであるかのように利用してきた。しかしそれが人間自身の生存を危うくすることにようやく気づいた現代は、［ C ］世代に対する責任として、〈人間と［ B ］との［ D ］〉をスローガンに掲げる、エコロジーが唱《とな》えられる時代である。

関連語

- **自己疎外**…①自分が自分にとってよそよそしい存在になること
  ②自分らしいあり方を失うこと
  ※「疎外」だけで右の①②の意味を表すこともある
- **阻害**…ジャマすること。漢字書き取りでは、「疎外」と「阻害」を文脈で書き分けることが求められる。

ジェンダー

ジェンダー…社会や文化によってつくられた、男らしさ・女らしさ、などの性のありよう

ジェンダーは、生き物としての性のありよう〈sex…ちょっと動揺…〉とは違い、ある社会や文化のなかでつくられた〈男らしさ・女らしさ〉などをいうことが多い。たとえば男の子は青い服、女の子はピンクの服、となぜかそうなっている。だからそうした決められた〈ジェンダー〉に反発する考え方（＝ジェンダーフリー）も根強い。（〈ジェンダー〉に生き物としての性を含める考え方もある。）

ダイバーシティ

ダイバーシティ…集団内の、人種・性別・年齢・国籍などが多様であること

ノーマライゼーション（ノーマリゼーション）

ノーマライゼーション（ノーマリゼーション）…障害者や高齢者などが社会のなかで普通の生活を送れるようにすること

---

❷ 次の文中の傍線部A・Bのカタカナを漢字で記せ。ただし同じ漢字を二度書いてはならない。またC・Dに入る語句を後の[　]から一つずつ選び、記せ。

現代社会では、多数派と異なる部分をもつ人間を<u>ソガイ</u>(A)する排他的な傾向が目立つ。だがそうした人々が自分なりの生き方を見つけようとして努力しているとき、そうした努力を<u>ソガイ</u>(B)するような行動は許されてはならない。そう考えると、[C]や[D]という考え方は大切である。（C・Dは逆でもよい）

ジェンダー　ダイバーシティ
ノーマライゼーション　エコロジー

A [　　]
B [　　]
C [　　]
D [　　]

4 世の中（社会） 実戦演習問題

「格差」「ナショナリズム」「右傾化」など、「社会」に関する語句をしっかり理解するとともに、「ナショナリズム」がどんな「主義」と関係するか、を考えよう。

解答は別冊38・39ページ

次の文章を読んで後の問いに答えよ。

格差[注1]や貧困が拡《ひろ》がり、社会的排除にさらされる人が増えるほど、ナショナリズムはアイデンティティ[注2]のシェーマを活性化させ、［A］へと向かっていくのである。九〇年代後半以降しばしば指摘されてきた「若者の右傾化[注3]」という現象は、若者たちが直面する厳しい社会的現実と明確な対応関係にあるのだ。

したがって、そうしたナショナリズムのヒステリー[注4]化を防ぐためには、格差問題をできるだけ緩和し、人びとが社会的排除になるべくさらされないようにしなくてはならない。

しかしそれは〈中略〉［B］をつうじてなされるほかない。なぜなら、格差問題もそれにともなう社会的排除も、労働市場がグローバル化することでもたらされている現象だからだ。

多くの人びとが周辺国の労働者とますます厳しい国際競争にさらされるなか、国内の格差や社会的排除を緩和するためには、グローバル化する労働市場のなかで国内の労働市場を特別に守ることがどうしても必要となる。つまりそこでは、国家が国内の労働市場を他から区別し保全することで国民生活に責任を持つべきだ、という［B］の命法[注5]に訴えなくてはならないのである。

（萱野稔人『ナショナリズムは悪なのか』）

注

1 **格差**…資本主義社会がつくりだす貧富の差を指すことが多い（本冊P56も参照のこと）。
2 **アイデンティティのシェーマを活性化させ**…〈国民という図式（＝その国民の一体化・同一化）を勢いづかせ〉というほどの意味。**シェーマ**…図式。
3 **右傾化**…ナショナリズム・国粋主義など右翼的思想に傾くこと。
4 **ヒステリー**…感情を抑えられず、すぐカッとなること。
5 **命法**…ここでは、原則、というような意味。

（萱野氏の文章は入試によく出ます）

1

空欄 A に入れるのに最も適当な語句を次のア～オの中から一つ選べ。

ア　資本主義
イ　個人主義
ウ　合理主義
エ　排外主義
オ　人間主義

答

2

空欄 B には、「ナショナリズム」あるいは「グローバル化」のどちらかが入る。二つのうち、適当なほうの語句を記せ。ただし空欄 B は二箇所あり、同じ語句が入る。

答

〈政治・経済〉——近くて遠いもの、でも遠くて近いもの

〈政治〉…この言葉には、なにやらダーティなものが感じられるようになってしまった。〈世の中〉を実際に動かすものが〈政治〉だが、そのためには〈力〉が必要になる。その力の典型が〈**権力**＝他人を抑えつけ支配する力。支配者が支配される者に加える強制力〉だ。もともと〈権力〉というのは人を支配する力だから、ときには〈暴力〉に変わる。そしてまたそうした〈力〉にすり寄ってくる者たちがいる…その様子が〈情報化社会〉のなかで伝わりやすくなったために、私たちはそうした者たちの動きやしくみを〈政治〉に結びつけ、何かいやなものを感じる。けれど〈権力〉は人間が集団をつくるとき、必ずといってよいほど生じてしまう。だから〈権力〉や〈政治〉を国会みたいなものに限って考えると、私たちとは縁遠い気がするが、人間が社会をつくる動物であるかぎり、私たちも無縁ではいられないし、避けては通れない問題だ。

また〈政治〉といえば〈経済〉と思うほど、〈経済〉は世の中の中心になっている。そしてその〈経済〉といわれるものも、私たちの生活に影響を与えるのは確かだが、どこで誰が動かしているのかわからず、なにやら縁遠いものになってしまった。でも、〈経済〉の始まりが〈交換（＝取り替えっこ）〉だとすれば、それは人間にとって人と人との関係をつくる最も根っこにある営みだともいえる身近なことだ。そしてそうした政治や経済のゆがみがもたらす争い・格差。だから〈政治〉も〈経済〉も私たちにとって大いに関係のある問題なのである。

政治・経済

古代の〈政治・経済〉

・**政治**…〈まつりごと〉と呼ばれたように、宗教と一体となっていた
・**経済**…贈与・互酬《ごしゅう》(＝贈り贈られる関係)、物々交換

↓

中世の〈政治・経済〉

・**政治**…土地をもつ領主とその土地で働く農奴《のうど》との関係を中心とする封建制→王(君主)が絶対的な権限をもつ絶対君主制
・**経済**…貨幣経済の緩やかな発展

↓

近代の〈政治・経済〉

・**政治**…**絶対君主制→市民革命→共和制・民主制**
・**経済**…企業や個人がモノを生産し、市場のしくみによって利益を得る自由な経済→資本主義経済の進展

↓

現代の〈政治・経済〉

・**政治**…二度の大戦→冷戦時代→国際協調→再び対立と争いへ
・**経済**…国境を超えたモノと貨幣の流れ→資本主義の加速化＝グローバル化へ

Step 3

16 頻出テーマ④政治・経済(1)

〈政治・経済〉という営みは、私たちの生活と直結している。たんなる言葉としてではなく、具体的なイメージや実感と結びつけて理解しよう。

解答は別冊40・41ページ

帝国主義

帝国主義…軍事・経済などの面で、他国または他の民族を征服して大国家を建設しようとする傾向→植民地主義

関連語

・**オリエンタリズム**…ヨーロッパ人がオリエント（中近東）の風俗・事物にあこがれと好奇心を抱く異国趣味。東方趣味。

パレスチナ出身のエドワード・W・サイードは『オリエンタリズム』という本を書き、その中で「オリエンタリズム」を、西洋が東洋を支配する形であり、東洋に後進性や神秘性といった非ヨーロッパ的イメージを押しつける、西洋の自己中心的な思考様式だと見なした。

・**ファシズム**…社会的団結を唱え、自由を極度に抑圧し、一党独裁のもと、排外的なナショナリズムを掲げる支配体制。**全体主義**。

「**全体主義**」というときの「全体」とは、国家のこと。つまり国家こそ第一で、人々は国家のためにすべてを捧《ささ》げなくてはならない、という考え方だ。そして国家もまた、唯一絶対の価値を掲げ、国民を一つにまとめようとする。〈ドイツ人こそ最も純粋なアーリア民族だ！〉と唱《とな》えたナチス・ドイツはその典型だ。

チェック問題

❶ **次のようなあり方や考え方を何と呼ぶか。「○○主義」という形で答えよ。**

A 人々の団結を訴え、自由を制限しながら、過激で排外的なナショナリズムを示す政治的なあり方

↓

（　　　　）主義

B 共産主義を目指す過程であり、経済的な平等を第一とする考え方

↓

（　　　　）主義

C 軍事面、経済面において他国を支配下に収め、国家を拡張しようとするあり方

↓

（　　　　）主義

自由主義

自由主義…封建制・専制政治（＝独裁政治）に反対し、自由な経済活動・自由な議会制度を主張。個人の思想・言論・信教の自由を擁護《ようご》する。

関連語

- **リベラル**…日本では一般に、自由や社会的平等、国際協調を唱える穏健な政治的傾向をいう

新自由主義

新自由主義…可能なかぎり政府の介入を行わず、市場の動向に任《まか》す経済政策を中心にし、民営化、規制緩和（＝企業などへの制限を緩《ゆる》めること）を行う政治経済的傾向。貧富の格差を拡大する危険性もある。

社会主義

社会主義…資本主義（次ページ参照）の後に現れて、貧富の格差のない世界をつくるのが共産主義。その第一段階として、土地などを共有のものとし、公平な分配を行おうとする政治のあり方。

関連語

- **プロレタリア**…労働者⇔**ブルジョア**…資本家
- **プロレタリアート**…労働者階級⇔**ブルジョアジー**…資本家階級
- **左翼**…改革派・社会主義・共産主義などの立場
- **右翼**…保守派・ナショナリズム・ファシズムなどの立場
- **冷戦**…**自由主義**国家アメリカ（西側）と**社会主義**国家旧ソビエト連邦（ソ連・東側）との、第二次大戦後における緊張関係を表した語 ⇒東西冷戦

---

❷ 次の文中の空欄に入れるのに最も適当な語句を、後の［　］から一つずつ選び、記せ（同じ記号の空欄には同じ語が入る）。

［A　　］は、資本主義が生み出す、［B　　］とブルジョアジーとの間の貧富の格差を解消しようとして生まれた。そして旧ソ連などがそうした考え方を掲げ国家をつくりあげたが、資本主義に基づく［C　　］国家と敵対することになり、それによって［D　　］といわれる時代が続いた。だが90年代初頭、ソビエト連邦の崩壊によって、［D　　］に一つの終止符が打たれた。

［自由主義　冷戦　オリエンタリズム　社会主義　プロレタリアート］

Step 3

17 頻出テーマ④政治・経済(2)

現代の〈政治・経済〉の中核を担《にな》う、二つの主義、制度についてしっかり理解していこう。

解答は別冊42・43ページ

資本主義

資本主義…貨幣・土地などの資本をもとに利潤を得ることを目指す経済のしくみ

資本主義は歴史的に次の三つの段階に分けられるが、どれも〈差異＝違い〉を生み出せるかどうかがポイントとなる。

①**商業資本主義**…安く仕入れた品物を、違う場所で高く売る→空間の差異を利用する

②**産業資本主義**…労働者を安く雇い、商品を生産させ、それを商品として売り、利益をあげる→労働力と価格との差異をつくる

③**ポスト産業資本主義**…情報や技術革新によって利益をあげる→他の企業との差異をつくる＝現代の資本主義

関連語

・**格差社会**…経済的な格差の広がった社会(本冊P50実戦演習問題参照)

モノ同士の〈差〉、人同士の〈差〉をいう〈格差〉にはいろいろなものがあるし、努力によっては乗り越えられない〈格差〉もある。そして〈格差〉はいつの時代にもあった。だがポスト産業資本主義の時代では、優れた

チェック問題

❶ 次の文中の空欄に入れるのに最も適当な語句を記せ(同じ記号の空欄には同じ語句が入る)。

資本主義のシステムでは、〈差異＝違い〉を生み出せるかどうかが大きな要素となる。そして資本主義は古くから見られ、ある地域で安く仕入れた品物を、違う場所で高く売るという形で、空間の差異を利潤に変える資本主義を［ A ］という。

またその後、労働者を低賃金で雇用し、彼らの生産した商品を売ることによって利益をあげる［ B ］の時代が訪れる。

だが現代では、安価な労働力を手に入れることが困難になり、［ B ］ではなく、情報や技術革新によって利益をあげる［ C ］が中心となっている。

才能やヒラメキのある人間が〈技術革新〉などを創り出し、莫大《ばくだい》な富を得る。だからお金の格差が生まれやすいのだ。

民主主義

民主主義…人民が権力（＝他人を抑えつけ支配する力）をもち、その権力を自ら用いようとする考え方

民主主義は古代ギリシアに源をもち、近代の市民革命（フランス革命など）を経て欧米を中心に広まった。「人権」「自由」「平等」をテーマに、「多数決」の原理に基づいて、それらのテーマの実現を目指す。とりあえず現代の政治スタイルのなかではイチバン！　だろうが、結局「多数決」によって多数派の意向が優先されるため、「平等」などが保たれない場合も多い。

ポピュリズム

ポピュリズム…大衆や民衆の立場に立つ主義主張を訴え、民衆の支持を得ようとする立場。「大衆迎合（＝大衆に媚《こ》びること）」と訳され、マイナスの意味であることが多い。

反体制

反体制…現在の支配体制や政治を否定し変えようとすること。またそうした立場。

---

❷次の文中の空欄に入れるのに最も適当な語句を、後の[　]から一つずつ選び、記せ（同じ記号の空欄には同じ語句が入る）。

A　B　C

民主主義は、[A]を経て欧米を中心に広がり、現代社会に定着しつつある。そこでは自由や[B]といった価値観が提唱されるが、[C]の原理は結局[D]に不利に働くため、根源的な[B]の実現は困難であるともいえる。

平等　多数決　市民革命
プロレタリアート　少数派

A　B　C　D

5 政治・経済　実戦演習問題

問題文の読解としては、資本主義のあり方を再確認すること。設問解法としては、「経済学」とはこの本文においては何を意味するかを考えよう。

解答は別冊44・45ページ

次の文章を読んで後の問いに答えよ。

ヴェニスの商人(注1)――それは、人類の歴史の中で「ノアの洪水以前」(注2)から存在していた商業資本主義の体現者のことである。海をはるかへだてた中国やインドやペルシャまで航海をして絹やコショウや絨毯《じゅうたん》を安く買い、ヨーロッパに持ちかえって高く売りさばく。遠隔地とヨーロッパとのあいだに存在する価格の差異が、莫大な利潤としてかれの手元に残ることになる。すなわち、ヴェニスの商人が体現している商業資本主義とは、地理的に離れたふたつの国のあいだの価格の差異を媒介して利潤を生み出す方法である。そこでは、利潤は差異から生まれている。

だが、A経済学という学問は、まさに、このヴェニスの商人を抹殺することから出発した。

年々の労働こそ、いずれの国においても、年々の生活のために消費されるあらゆる必需品と有用な物資を本源的に供給する基金であり、この必需品と有用な物資は、つねに国民の労働の直接の生産物であるか、またはそれと交換に他の国から輸入したものである。

『国富論』の冒頭にあるこのアダム・スミスの言葉は、一国の富の増大のためには外国貿易からの利潤を貨幣のかたちで蓄積しなければならないとする、重商主義者(注3)に対する挑戦状にほかならない。スミスは、一国の富の真の創造者を、遠隔地との価格の差異を媒介して利潤をかせぐ商業資本的活動にではなく、(注4)勃興《ぼっこう》しつつある［B］のもとで汗水たらして労働する人間に見いだしたのである。それは、経済学における「人間主義宣言」であり、これ以後、経済学は「人間」を中心として展開されることになった。

（岩井克人「資本主義と『人間』」）

（センター試験＝現共通テストに出題された文章の一部）

注

1 **ヴェニスの商人**…シェークスピアの戯曲『ヴェニスの商人』を踏まえている。

2 **ノアの洪水**…ノアとその家族やさまざまな動物が方舟《はこぶね》に乗り大洪水の難から逃れる、という『旧約聖書』に記されたエピソード。

3 **重商主義**…国家の保護によって有利な貿易を行い、国の富を増大させようとする考え方。

4 **勃興**…急に勢いが強くなること。

1

傍線部A「経済学という学問は、まさに、このヴェニスの商人を抹殺することから出発した」とあるが、どういうことか。その説明として最も適当なものを、次のア～オの中から一つ選べ。

ア　経済学という学問は、差異を用いて莫大な利潤を得る仕組みを暴き、そうした利潤追求の不当性を糾弾（＝非難すること）することから始まったということ。

イ　経済学という学問は、差異を用いて利潤を生み出す資本主義の方法を根本から排除し、重商主義に挑戦することから始まったということ。

ウ　経済学という学問は、価格の差異が利潤をもたらすという認識を退け、人間の労働を富の創出の中心に位置づけることから始まったということ。

エ　経済学という学問は、労働する個人が富を得ることを否定し、国家の富を増大させる行為を推進することから始まったということ。

オ　経済学という学問は、地域間の価格差を利用して利潤を得る行為を批判し、労働者の人権を擁護することから始まったということ。

答

2

空欄 B に入れるのに最も適当な六字の語句を記せ。

答

Step 3 頻出テーマ別重要キーワード　テーマ⑤

〈カルチャー（文化）〉――よいもの？ 悪いもの？

〈カルチャーセンター〉なんてネーミングがあるように、〈文化〉を〈カルチャー〉とカタカナでいうと、なんとなくよいもののように思われる。〈知的！〉みたいな…。だが〈文化〉は、本冊Ｐ７の「文化・文明」で確認したように、〈人間の感情や精神活動によって生み出されたもの。地域や民族に独特のもの、という意味でも用いられる〉言葉だ。〈人間の感情や精神活動〉に関わり、〈地域や民族に独特のもの〉とは、具体的にいえば〈言語や宗教〉などである。現代社会のなかで、民族や〈宗教〉などによって多くの紛争や内戦が起こっていることは、みんなも目にしているだろう。そして誰彼かまわず殺されていく、その紛争や内戦の終わりのない泥沼状態も…。だとすれば〈カルチャー〉や〈文化〉は手放しでよいものだとはいえなくなってくる。世の中、単純には割り切れないものばかりなのです。

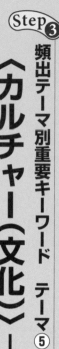

カルチャー（文化）

〈文化〉の性格①

・**〈文化〉**は人間が言語によって考えることによって生まれる
➡ **〈文化〉**の根本は言語

↓

・言語を用いることで、人間は
他の動物には考えられないような世界を築いてきた　➡ **自由**

↓

・だが、そうした人間の世界が拡大しすぎないように、
道徳やさまざまな制度ができた　➡ それも**〈文化〉**だ　➡ **制限**

↓

・**〈文化〉＝〈自由〉**と**〈制限〉**という両面性をもつ

〈文化〉の性格②

・**文化**
＝本来、人間らしい生活を営むためのもの　➡　プラスイメージ　＋

↕

・**文化**
＝民族紛争や宗教的対立を引き起こすものでもある　➡　マイナスイメージ　－

18 頻出テーマ⑤カルチャー（文化）

文化に関する文章は、「社会」に関する文章とともに入試によく出る。「文化」についてはＳｔｅｐ１でも説明したので、もう一度確認しておこう。

解答は別冊46・47ページ

文化相対主義

文化相対主義…文化に絶対なものはないと考え、文化の多様性・異文化の価値を認めようとする考え方。自分たちの文化を認めよ、という自文化中心主義に転化することもある。

関連語

- **多文化主義**…一つの国や社会のなかにある異なった文化を積極的に認めようとする考え方。国外の文化には冷たい。

文化相対主義と**多文化主義**とは似たような考え方に見えるが、その違いは、次のように考えるとよい。

- **西洋中心主義**…とくに近代の西洋文明こそもっともすぐれたものであり、それを生んだ西洋こそもっともすぐれた地域だという考え方
- **自文化（自民族）中心主義**…自分たち（民族）の文化こそもっともすぐれたものだという考え方。エスノセントリズム。（ex ナチスのユダヤ人虐殺）

チェック問題

❶ 次の文中の空欄に入れるのに最も適当な語句を後の［　］から一つずつ選び、記せ（同じ記号の空欄には同じ語が入る）。

近代以降、［A］主義が世界を覆《おお》い、西洋文明を採《と》り入れない地域は［B］と呼ばれ、蔑《さげす》まれた。こうした［A］主義は［C］主義の一種だといえる。だが、そうした［B］と呼ばれた地域の文化にも価値があるという［D］主義が広まり、世界の多様な文化が認められつつある。この［D］主義と類似した考え方に、一つの国や社会の内にある多様な文化を認めようとする［E］主義がある。

［文化相対　未開　自文化中心
多文化　西洋中心］

文化人類学

文化人類学…とくに、未開といわれる社会などの文化的特徴を探っていこうとする学問（代表的な学者＝レヴィ・ストロース）

関連語

・**民俗学**…今も残る伝統的な風俗や生活習慣を一般の人々の生活のなかに探り、民族的特質を考えていこうとする学問

日本では**柳田國男**《やなぎたくにお》と折口信夫《おりくちしのぶ》が著名な**民俗学**者。**柳田國男**の**『遠野物語』**は、岩手県遠野地方に伝わる民話や伝承などを集めた著作。覚えておこう。

アニミズム

アニミズム…自然のすべてのものに力や魂が宿っているという考え方で、とくに原始時代などに見られた

土俗的

土俗的…その土地のならわし・風俗（＝風習）に根づいているさま

神話

神話…①世界の成り立ちや神々に関する話
②根拠なく信じられているものの見方、考え方

A

B

C

D

E

❷ **次の問いに答えよ。**

A 〈現在も残る古い風俗や生活習慣を普通の人々の生活のなかに探り、民族的特質を考えようとする学問〉のことを何と呼ぶか。

↓

B Aの代表的な学者柳田國男《やなぎたくにお》の著作を一つ記せ。

↓

❸ **次の傍線部分を簡潔に五字以内で言い換えよ。ただし「近代」という語はそのまま使ってよい。**

西洋文明が最高の文明だというのは、近代という時代がつくりだした根拠のない見方である。

↓

6 カルチャー（文化） 実戦演習問題

問題文は哲学的な文章だが、題名のように、「ロボット」が自分にも心を吹き込んで！ と語っている。他者や世界との関係こそが人間らしさだということを理解しよう。

解答は別冊48・49ページ

次の文章を読んで後の問いに答えよ。

あなたがお子さんの気持ちを想像していると思っておられるとき、実際にあなたがなさっているのは、「お子さんに変装したあなた」の気持ちの想像でお子さんを「包んで」おられるのです。「今一つのあなた」の想像をお子さんに投げかけ、それでお子さんをくるんでおられるのです。〈中略〉

ですからあなたは他人に心があると「信じ」ているのではなく、実は他人を「我《われ》ようのもの」、「自分ようのもの」として見るという「態度」をとっているのです。他人を「心あるもの」として見、また応待するという「態度」をとっているのです。つまり、他人が心あるものであるのはあなたがそれを「信じる」からではなく、あなたが彼を心あるものとして見立て応待するからなのです。他人をして心あるものにする、それはあなたがするのです。あなたが他人に心を「吹き込む」のです。他人の心を「信じる」のではなくて、あなたが他人の心を「創る」のです。

だからあなたがその「吹き込み」を止《や》めることも原理的には不可能ではありません。あなたがそれを止めれば他人はすべて心なき「でくのぼう」(注1)になりましょう。そしてあなたは今度はその「でくのぼう」によって離人症(注2)としてあつかわれましょう。あなたは人気《ひとけ》のない荒漠《こうばく》(注3)とした世界に独り生きることになります。それも孤島の上ではなく「でくのぼう」の群れのまっただ中でです。そのときは既にあなた自身からあらゆる人間的なものが脱落しているでしょう。つまり、人間ではなくなっているでしょう。

ということはすなわち、あなたが人間である限り、正気の人間である限り、他人に心を「吹き込む」ことを止めないということです。この「吹き込み」は人間性の中核だからです、このお互いの「吹き込

注

1 **でくのぼう**…何の役にも立たない者。
2 **離人症**…自分や世界などに関する実感が失われる症状。
3 **荒漠**…荒れ果てて何もないさま。
4 **鷹揚**…ゆったりと落ち着いていること。
5 **縁故血縁関係（ネポティズム）**…地縁・血縁などによるつながりや関わり。

み」によって人間の生活があり人間の歴史があるのです。〈略〉

換言しますと、A人間同士が互いに心あるものとする態度はまさにアニミズムと呼ばれるべきものなのです。昔の人々はずいぶん寛容で（注4）鷹揚《おうよう》なアニミズムをとっておりました。獣、魚、虫はいうにおよばず、山川草木《さんせんそうもく》すべて心あるものだったのです。それに較《くら》べ近頃の人々のはひどくせちがらいアニミズムです。（注5）縁故血縁関係《ネポティズム》を中軸にしたアニミズムだといえましょう。その［B］性が人々の心に根深くしみついているがために私が大変迷惑をこうむっているのです。どうして私にも心を「吹き込んで」くれないのですか。いや既に吹き込んでいることを認めて下さらないのですか。

どうか今少しあなた方の心を開いて私もあなた方同士の間のアニミズムの中に入れていただきたい。それによってあなた方の人間性もより豊かになろうというものです。

（大森荘蔵「ロボットの申し分」）

（早稲田大学で出題された文章の一部）

1 **傍線部Aとあるが、このように言えるのはどうしてか。その説明として最も適当なものを次のア～オから一つ選べ。**

ア 相手に心があると見なすことは、あなたが人間であることの証《あかし》だといえるから。

イ 相手に心があると見なすことは、あなたが昔の人と同じ心の広さをもつということだから。

ウ 相手に心があると見なすことは、相手も魂をもつ存在だと考えることだから。

エ 相手に心があると見なすことは、人間の生活や歴史を形成する営みだから。

オ 相手に心があると見なすことは、あなたが相手をわが子同様に考えていることになるから。

答［　］

2 **空欄Bに入れるのに最も適当な語句を次のア～オの中から一つ選べ。**

ア 正当　イ 排他　ウ 伝染　エ 普遍　オ 必然

答［　］

〈科学〉―― 文明のもたらしたもの

台風や突然の大雪に見舞われて、停電になってしまったとき、暗くて寒くて、それはそれは、とても暗い気持ちになってしまう…。そんな様子は、経験したことのある人はもちろん、経験したことがない人でもすぐに想像できるでしょう。

〈電気〉―それこそ〈科学〉が人間にもたらした根本的な〈恵み〉かもしれない。〈電気〉がなければ、パソコンもスマホもインターネットも使えなくなってしまうのだから。

でもその〈電気〉が地球の資源を食いちぎってもたらされていること、〈電気〉を使うことが地球や人間を汚《けが》し、地球や人間のいのちを短くしてしまうこと、を私たちは知ってしまった。〈科学〉の〈恵み〉と科学を生み出した人間の文明の〈罪〉、私たちはそのはざまで生きている。

このことを踏まえて、そうした〈科学〉の歴史をまず見ていこう。

西洋における科学の歴史

ギリシア文明

➡ 法則の探究など、科学の芽生え

中世

➡ 科学的真理の追究は、自然は神の意志によって創造されたというキリスト教と対立
(例：地動説を説いたガリレオへの弾圧)

近代 (一般にいう近世も含む)

➡ ルネサンス＝〈ギリシア・ローマの古典文化に戻れ〉というスローガン
➡ 科学への関心の高まり

＋

➡ 神ではなく人間が世界を支配する
➡ その世界支配の戦略としての科学技術

⬇

合理主義・主客二元論(デカルト)

⬇

科学革命＝17 世紀、力学と物理学を中心とした世界像の変革
(ニュートン力学など)

⬇

産業革命(18 世紀～) ➡ **科学技術の恩恵**
二元論による人間と自然の切り離し ➡ **自然破壊**

現代

➡ 自然との共生を目指す科学へ

Step 3

19 頻出テーマ⑥科学

現代の科学をつくりあげた根本にある考え方と、科学に関する文章によく登場する語句をしっかり覚えていこう。

解答は別冊50・51ページ

近代科学

近代科学…自然や時間、空間を、神と切り離し、〈人間〉がそれらを客観的に観察することを前提とする学問

関連語

- **機械論**…物質も生物も多くの部品から成り立っている〈機械〉であり、分解・分析すればすべてがわかるという、近代科学を支える考え方

機械論的な考え方が強くなっていくということは、自然は神が創ったものだという考え方や自然は切り分けることのできない一つのまとまった生命だという見方、が力を失うということだ。つまり自然に対する見方＝**自然観**の変化がそこにはある。

- **機械的**…意志や感情をもたず、型にはまっているさま
- **実証主義**…実際に検証・証明ができることだけを研究するという態度。これも近代科学や近代の学問の特徴。
- **因果律（法則）**…ものごとには必ず原因があり、その結果としてものごとはあるという原則。これもまた近代科学の特徴。
- **パラダイム**…①ある時代の科学者に共有されている考え方 ②ある時代の考え方の枠組み

チェック問題

❶ A〜Cの考え方を表す語句を記せ。

A 実際に検証したり証明したりできることだけを研究しようとする態度

↓

B その時代の考え方の枠組み

↓

C 生物も多くの部品から成り立っており、分解すればすべてが理解できるという考え方

↓

合理主義

合理主義…**理性**や知性でものごとを捉《とら》えたり行動したりすることが重要であり、そこに規則や（科学的）法則を見出《みいだ》そうとする考え方

- **合理的（性）**…理屈に合っているさま。ムダがないさま。
- **合理化**…①ムダを省くこと ②何かを正当化するために理由付けをすること

主客二元論

（本冊P14も参照のこと）

主客二元論…**理性**をもった**主体**である人間が、対象である**客体**（自然など）を、**距離**を置いて観察・分析すること

世界を、**主体**と**客体**という二つの別のものに分けるから**主客二元論**。**デカルト**というおじさんが考えたが、**理性**を重視するので**合理主義**の基盤となる考え方だ。そして、**神から理性をもらった主体（人間）**はエライ！ **客体**は理性をもたないからオバカ！ という**優劣**関係がいつの間にかできたとき、たとえば**客体**である自然は**主体（人間）**が勝手に利用できるものになる。ここに自然破壊の源があるともいえるならば、**主客二元論**はマズイ。

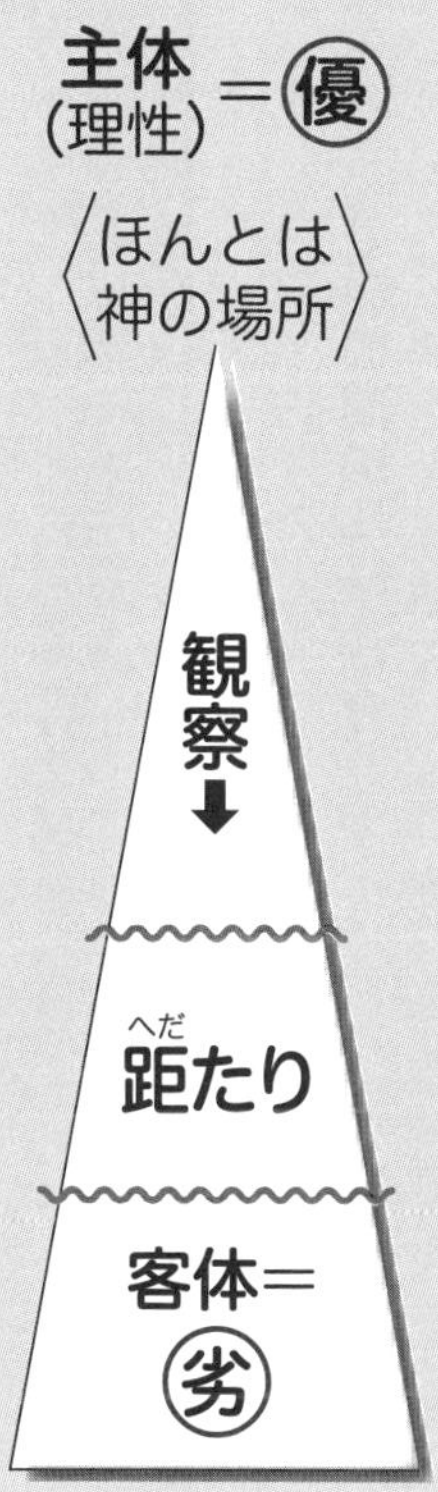

---

❷ **次の文章と、空欄を含む文章が同じ内容になるように、最も適当な語句（漢字二字）を空欄に記せ。**

私たちは他人だけではなく、自分の行動についても、距離を置いて見てみることが必要だ。

≒

我々は他者だけではなく、自己の行動をも［　　］する必要がある。

❸ **次の図は「主客二元論」を説明した図である。空欄に入れるのに適当な語句（漢字二字）をそれぞれ記せ。**

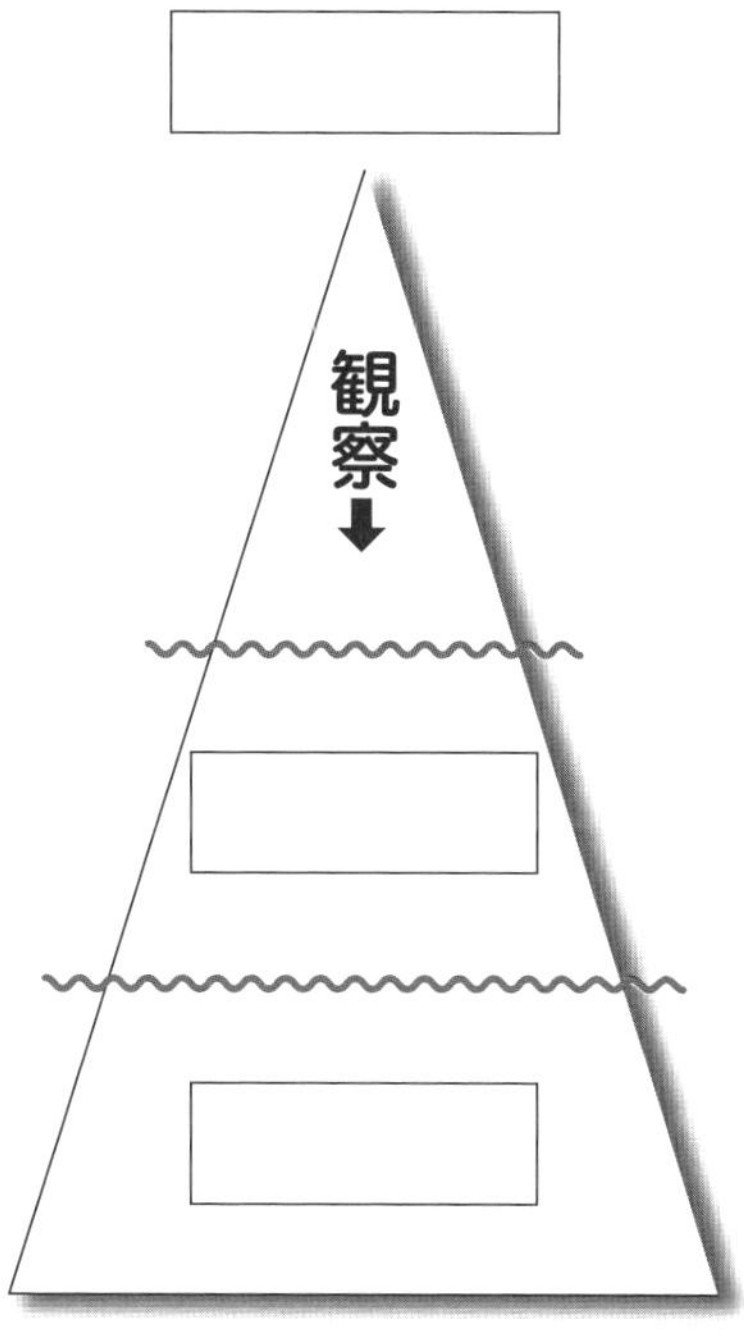

7 科学　実戦演習問題

現代でも進化を続ける科学は、〈近代〉という時代に大きく飛躍する。近代科学の特徴としてあげられている二つの事柄をきちんと把握しよう。

解答は別冊52・53ページ

次の文章を読んで後の問いに答えよ。

近代科学が、自然を使用するに当たって強力な推進力を私たちに与えてきたことは間違いない。その推進力とは、ただ単に近代科学がテクノロジーを発展させ、人間の欲求を追求するための効率的な手段と道具を与えたというだけではない（テクノロジーとは、科学的知識に支えられた技術のことを言う）。それだけではなく、A近代科学の自然観そのものの中に、生態系の維持と保護に相反する発想が含まれていたと考えられるのである。

近代科学とは、一七世紀にガリレオ(注1)やデカルト(注2)たちによって開始され、次いでニュートン(注3)をもって確立された科学を指している。近代科学が現代科学の基礎となっていることは言うまでもない。近代科学の自然観には、中世までの自然観と比較して、いくつかの重要な特徴がある。

第一の特徴は、［　B　］的自然観である。中世までは自然の中には、ある種の目的や意志が宿っていると考えられていたが、近代科学は、自然からそれら精神性を剝奪《はくだつ》し、定められた法則どおりに動くだけの死せる機械とみなすようになった。

第二に、原子論的な還元主義である。自然はすべて微小な粒子とそれに外から課される自然法則からできており、それら原子と法則だけが自然の真の姿であると考えられるようになった。

ここから第三の特徴として、物心二元論(注4)が生じてくる。二元論によれば、身体器官によって捉えられる知覚の世界は、主観の世界である。自然に本来、実在しているのは、色も味も臭いもない原子以下の微粒子だけである。知覚において光が瞬間に到達するように見えたり、地球が不動に思えたりするのは、主観的に見られているからである。自然の感性的な性格は、自然本来の内在的な性質ではな

注

1 **ガリレオ**…ガリレオ・ガリレイ。イタリアの天文学者・物理学者（一五六四～一六四二）。地動説を支持した。

2 **デカルト**…ルネ・デカルト。フランスの哲学者（一五九六～一六五〇）。精神（主体）と物体（客体）とを区分する二元論を唱《とな》えた。

3 **ニュートン**…アイザック・ニュートン。イギリスの物理学者（一六四二～一七二七）。万有引力の法則・微積分法などを提唱。

4 **物心二元論**…物と心、物質と精神を分ける考え方。心身二元論、主客二元論と同じと考えてよい。

く、自然をそのように感受し認識する　C　の側にある。つまり、心あるいは脳が生み出した性質なのだ。

（河野哲也『意識は実在しない　心・知覚・自由』）

（亜細亜大学で出題された文章の一部）

1 傍線部A「近代科学の自然観」とあるが、この「自然観」と対照的な「自然観」の内容を説明した部分を二十五字以上三十字以内（句読点等を含む）で本文から抜き出し、その最初と最後の五文字を記せ。

答
最初 □□□□□
最後 □□□□□

2 空欄B・Cに入れるのに、最も適当な語句を次のア〜オから一つずつ選び、記号で記せ。

ア　対象
イ　主体
ウ　実証主義
エ　客体
オ　機械論

答
B □
C □

Step 3 頻出テーマ別重要キーワード　テーマ⑦

〈ものの考え方（思想・哲学・宗教）〉――人間が考えてきたもの

人間は言葉をもつことで、広い世界を手に入れた。しかし、それはたんに外の世界に活動の場が広がったということだけを意味するのではない。自分の内部へ向かい、〈人間とは何か〉〈自分とは何か〉〈世界とは何か〉というようなことを考える、というめんどくさいことも含まれていた。そして、それらのことをずっと考えてきた人々がいる。それは、自分のあり方を考えたり、自分の生き方に行きづまったりしたときに、〈まあいっか〉と思わずに、真剣に自分の内部や世界を見つめようとした人間たちがいたことを示している。その営みを〈思想・哲学・宗教〉と呼ぶが、今いったように、それは壁にぶつかったときに、〈まあいっか〉と、いうかいわないかの違いであって、誰にもそのきっかけは訪れる。そうした人間たちが歴史のなかに残してきたものをちょっとだけのぞいてみよう。

思想・哲学・宗教の歴史

西洋

古代

ギリシア思想

↓

中世

キリスト教

↓

近代

合理主義・個人主義が二大柱

↓

現代

構造主義

⬇

ポスト**構造主義** へ

東洋

宗教とともに発展

古代

＊**インド哲学＝ヒンドゥー教**

⬇

仏教

＊ **中国思想**

➡老荘思想

＝老子・荘子の思想

…生と死を一つのものと見る・人の意識的な行為＝作為・人為を否定する「無為自然」などが特徴。

➡儒教思想

＝孔子に始まる思想

…上下関係などの社会秩序を重視。

＊**イスラーム思想**

Step 3

20 頻出テーマ⑦ものの考え方（思想・哲学・宗教）（1）

〈思想・哲学・宗教〉といわれても、そんなにむずかしく考える必要はない。言葉のむずかしさは気にせずに言葉の意味を理解していこう。

解答は別冊54・55ページ

人間中心主義

〈個の内面（意識）から関係へ〉

人間中心主義…神ではなく人間が世界の中心であるという、近代で強くなってきた考え方。ヒューマニズム。

人間中心主義と**合理主義**とは関係がある。人間が世界の中心だといえるのは、他の生物がもたない**理性**をもっているから。でもその**理性**は実はキリスト教の神からもらったもの。神を遠ざけながら、神からもらった**理性**をもつオレは世界の中心だっ！　て叫ぶのが近代だ（卑《ひ》怯《きょう》！）。

また**理性**的な個人は、他人の影響を受けない自我＝内面（意識）をもった自立した存在。そうした内面（意識）こそ**個人主義**や**〈近代的自我〉**が尊重したもの。そして**〈理性〉**から外れた狂気や人間の手に負えない〈死〉は世の中から排除されていくのも近代だ。

関連語

- **啓蒙《けいもう》主義**…理性を尊重し、教育によって生活が進歩し幸福が実現するという考え方　**啓蒙《けいもう》**＝人に知識を与え、教え導くこと
- **進歩（進化）主義**…時代が進めば、社会や人間は進歩していくという考え方

チェック問題

❶ 次の文中の空欄に入れるのに最も適当な語句を後の［　］から一つずつ選び、記せ。

近代の中心的な思想である［ A ］の代表的な思想家であるデカルトは、〈世界のすべてのものは疑えるが、疑っているこの自分の［ B ］だけは疑えない〉と考えた。こうした個の意識を絶対と見なす考え方は西洋の思想・哲学の前提となってきた。

しかしそうした考え方が個人の傲慢や他者からの孤立をもたらすようになると、人間を他者との［ C ］のなかで捉え直そうとする動きが生じてきた。その代表的な考え方の一つに［ D ］がある。

［関係　合理主義　構造主義　個人主義　意識］

構造主義

構造主義…社会やものごとの構造＝要素間の**関係**性、を探究しようとする考え方。人間を他と切り離された自立したものではなく、他人との関係や構造のなかで多様に変わるもの＝〈**関係**のなかの自己〉（本冊P31参照）、と捉《とら》えることは構造主義的であり、反近代＝**反個人主義**的だ。

弁証法

弁証法…相反するものが一段高い次元で統合されること
弁証法にはいろいろな意味があるが、下の図をイメージしよう。（「正」は正しいという意味ではなく、〈或《あ》るもの〉くらいの意味）。

イデオロギー

イデオロギー…①主義主張
②集団や個人を支配している考え方・信念

フェミニズム

フェミニズム…女性の地位向上や反性差別を訴える考え方

ステレオタイプ

ステレオタイプ…型にはまった画一的イメージ。紋切り型。

---

❷ 次の各文の空欄に入れるのに最も適当な語句をカタカナで記せ。

現代人には、型にはまった［A］な思考が目立つ。

↓ ［　　　　］

男尊女卑の風潮に反対して、［B］の考え方が登場したが、現実には、まだ女性に対する差別が存在する。

↓ ［　　　　］

日本の戦争中には、軍国主義という［C］が社会を支配していた。

↓ ［　　　　］

Step 3

21 頻出テーマ⑦ものの考え方（思想・哲学・宗教）（2）

〈思想・哲学〉は、一言でいえば、〈世界〉について考えることであり、それは宗教の役割でもある。ここではそうした宗教に関連する語句にも触れよう。

ユダヤ教

ユダヤ教…古代イスラエルに源をもつ宗教の一つ。厳しい律法（＝掟《おきて》）に基づき、唯一の神ヤーヴェを信じ、イスラエルの民のために神の国を地上にもたらすメシア（＝救い主、「キリスト」は「メシア」のギリシア語訳）が来ると考える。多くのユダヤ人が信じる宗教。

キリスト教

キリスト教…キリスト教はそもそもは**ユダヤ教**から分かれた宗教。イエスをキリスト（**ユダヤ教**のところで説明したように「救い主」のこと。こうした言葉が共通する点からも、**ユダヤ教**と**キリスト教**の関係がわかる）として信仰する宗教。欧米のほかほとんど世界中いたる所に信徒を有する。耶蘇《やそ》教ともいう。

イスラム教

イスラム教…**ユダヤ教**・**キリスト教**と同じ系統の一神教。唯一神アッラーと預言者ムハンマド（マホメッド）を認めることを根本教義とする。聖典はコーラン。回教ともいう。アラビア半島の他、多くの地域に信者がいる。イスラム教徒をムスリムと呼ぶ。

チェック問題

解答は別冊56・57ページ

❶ 次のカタカナの語句の意味を簡潔に言い換えて記せ。

A ムスリム
↓
［　　　　］

B アンチノミー
↓
［　　　　］

C コスモロジー
↓
［　　　　］

仏教

仏教…仏陀《ぶっだ》(シャカムニ)の説いた教えに対する信仰。世界三大宗教の一つ。仏陀《ぶっだ》の説法に基づき、人間の苦悩の解決の道を教える。インド全土からアジアへも広まった。

関連語
- **無常観**…一切のものははかないとする仏教的な考え方

ヒンドゥー教

ヒンドゥー教…インド人の多くが信じる宗教。バラモン教を前身とし、カースト制度=厳しい身分制度をもつ。

原理主義

原理主義…①宗教の聖典などに誤りはないとして、その思想や教えを忠実に守ろうとする立場や運動。ファンダメンタリズム。
②一般に、原理、原則に忠実な立場

コスモロジー

コスモロジー…①世界に対する考え方。世界観。
②宇宙に関する考え方

二律背反

二律背反…妥当な二つの事柄が、対立し、両立しないこと。**アンチノミー**。

---

❷ 次の文中の空欄に入れるのに最も適当な語句を後の[　]から一つずつ選び、記せ(同じ記号の空欄には同じ語句が入る)。

世界三大宗教といわれる、仏教・[A]・[B]のうち、[A]・[B]は同じ系統に属している。にもかかわらず現代世界において、この二つの宗教の対立から生じる紛争や事件は数知れない。[C]や伝統とも関連する「宗教」の対立は、民族対立をも引き起こし、排他性と結びつきやすい[D]とも相まって、その打開の糸口はなかなか見えてこない。

(A・Bは逆でもよい)

ナショナリズム　キリスト教　ヒンドゥー教
文化　イスラム教

8 ものの考え方（思想・哲学・宗教） 実戦演習問題

本冊のP28〈私〉の講で扱った自我や他者（＝世界）について考えるのも、〈思想・哲学・宗教〉のテーマだ。内容合致問題は選択肢と本文の該当箇所をきちんと照らし合わせよう。

解答は別冊58・59ページ

次の文章を読んで後の問いに答えよ。

私が自我というものにハッキリと目覚めたのは、十七歳のころだったと思います。もちろん、そのとき「今日、目が覚めた」という自覚があったわけではなく、かなり時間がたってから、後追い的にわかったことです。

野球をしていても、野原を走っていても、どこか昨日までの自分と違う。それは、自分という存在を外から眺める意識に目覚めたということでしょう。誰にでもそんな日があるのではないでしょうか。このとき私は、自分がどんな存在として生まれてきたのかを詮索《せんさく》するようになっていたのです。しかしそうすると、自分の人生は重いものにならざるをえないように思えて、暗い気持ちになってしまいました。

そして、「吃音《きつおん》」(注1)という状態に陥ってしまいました。母音で始まる言葉が出なくなり、朗読などをさせられると、立ち往生してしまい、途方に暮れてしまったのです。そのときの気分を、いまでもときどき思い出すことがあります。ちょうど水に潜って、水面が上のほうに見えているような感じです。水面が見えているのにどうしても浮かびあがっていけず、息が苦しくてしかたがない、そんな息の詰まる感じです。

私の両親は、子供に不自由な思いをさせまいと骨身を惜しまず働き、惜しみなく愛情を注いでくれました。ですから、それまでの私は何の疑問も感じることもなく、漱石《そうせき》の『坊っちゃん』のように元気すぎるほどのやんちゃ坊主でした。ところが、自我に目覚めてからは内省的で人見知りをする人間になってしまいました。

注

1 **吃音《きつおん》**…発音の際、最初の音がうまく出てこなかったり、言葉がつかえたりする状態。

2 **殺伐《さつばつ》**…すさんでいること。

結局、私にとって何が耐えがたかったのかと言うと、自分が家族以外の誰からも承認されていないという事実だったのです。自分を守ってくれていた父母の懐《ふところ》から出て、自分を眺めてみたら、社会の誰からも承認されていなかった。私にとっては、それがたいへんな不条理だったのです。単なる思いこみだったのかもしれませんが、当時の私には、どうしてもそうとしか思えなかったのです。そして、それまで一心同体であった両親さえも、［A］して見るようになってしまいました。非常に殺伐《さつばつ》（注2）とした気持ちでした。

この経験も踏まえて、私は、自我というものは他者との「相互承認」の産物だと言いたいのです。そして、もっと重要なことは、承認してもらうためには、自分を他者に対して投げ出す必要があるということです。

他者と相互に承認しあわない一方的な自我はありえないというのが、私のいまの実感です。もっと言えば、他者を排除した自我というものはありえないのです。

（姜尚中『悩む力』）

（明治大学で出題された文章の一部）

1 **空欄Aに入れるのに、最も適当なものを次のア～オから一つ選び、記号を記せ。**

ア　顕在化　イ　対象化　ウ　絶対化　エ　一元化　オ　体系化

答［　　］

2 **本文の内容と最も合致するものを次のア～オから一つ選び、記号を記せ。**

ア　筆者にとって苦痛だったのは、社会から自分を見ると、家族以外の誰からも承認されていないという事実を知らされたことであり、その結果人嫌いになって家から出なくなってしまった。

イ　筆者が自我の目覚めについて自覚があったわけではないと述べているように、自我に目覚めるというのは幻想であり、そもそも自我というものの存在自体が疑わしい。

ウ　筆者は自我に目覚めた頃に、自分を自分の外部から眺める意識にも同時に目覚め、その結果暗い気持ちになり、人と話すときには、なぜかゆっくりと話すようになった。

エ　筆者の両親は自分たちの苦労もいとわずに筆者を育てたにもかかわらず、筆者は誰からも必要とされていないと思い込み、殺《さつ》伐《ばつ》とした気持ちを抱き続けた。

オ　筆者は自我に目覚め、自分の存在や生について考え始めたが、その結果手にした結論は、人間の自我は人間相互の関係のなかにしかありえず、他者の存在が不可欠であるというものだった。

答［　　］

〈言葉（言語）〉―― この人間的なるもの

言葉がとても軽い時代です。一方で言葉が攻撃の道具になっている時代です。みんなは気づいているかどうかわからないけれど、私も含め、今の人の言葉はとても過激になっています。「殺すっ！」とか簡単にいうでしょ。「攻撃は最大の防御」というように、その攻撃でみな自分が傷つく前に相手を攻撃しているのだと思うのはひねくれた考え方かもしれません。でもその攻撃で傷ついたり傷つけたり、そして、最後には傷つくことも忘れてしまったりしたら、この世の中はもう保《も》たない。

たしかに言葉は〈自分は他の誰よりもあの人が好き〉という気持ちを、誰もが使う平凡な〈好き〉という言葉でしか表せません。

つまり本当に一番伝えたい自分だけの〈心〉を表せない。詩人の田村隆一《たむらりゅういち》さんは「言葉なんて覚えるんじゃなかった」と詩のなかで呟《つぶや》いています。でも誰もが使えるからコミュニケーションができる。だから言葉が社会をつくる。そういう言葉の限界と、人と人とをつなぐ社会的なもの、という二面性は、言葉がこの世に唯一のものを、どんどん抽象化（＝共通点のあるものをまとめること）してしまう性格をもっているからです。そのことをもう一度左の図を見て考えてみてください。

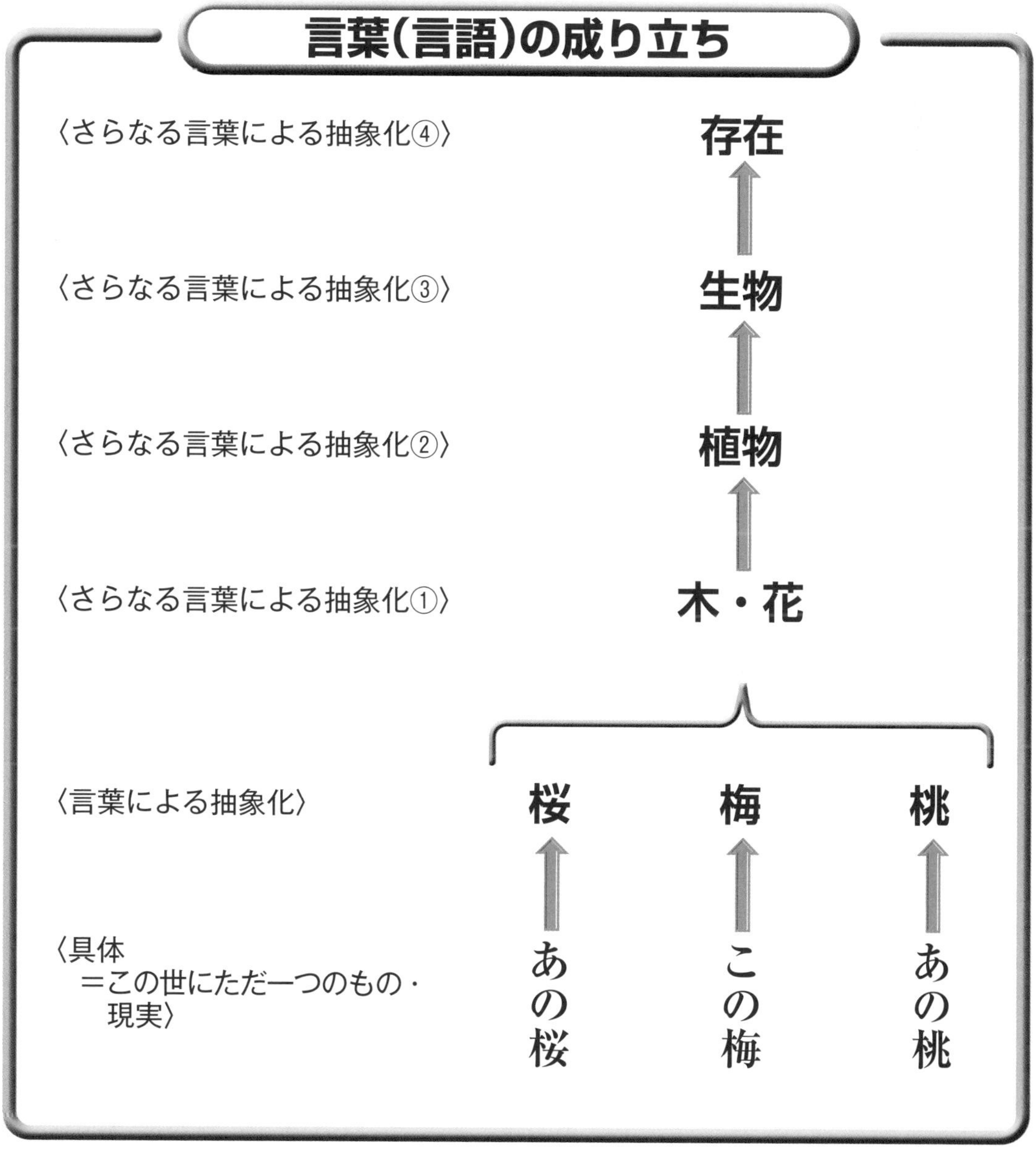
言葉(言語)の成り立ち
〈さらなる言葉による抽象化④〉
存在
〈さらなる言葉による抽象化③〉
生物
〈さらなる言葉による抽象化②〉
植物
〈さらなる言葉による抽象化①〉
木・花
〈言葉による抽象化〉
桜
梅
桃
〈具体
＝この世にただ一つのもの・
現実〉
あの桜
この梅
あの桃

Step 3

22 頻出テーマ⑧言葉（言語）

考えるから人間だ。そして言葉は考えることに欠かせない。だから言葉は人間であることの源だ。この章を、言葉とは何かを考えるきっかけにしてほしいと思います。

解答は別冊60・61ページ

言語

言語…人間が考えたり、認識したり、人とコミュニケーションを取ったりするときに使われる文字や音＝**シンボル**

分節

分節（化）…ものごとを区分けすること

言葉のない世界はものに名前が付いていない世界だ。そうした世界は**混沌**（＝**カオス**）としているが、そうした世界に〈犬〉という言葉が生まれると、世界は〈犬〉と〈犬〉以外に「**分節**」される。こうして世界には〈**差異**＝違い〉が生まれるし、〈犬〉と〈猫〉という言葉も互いに**差異**をもっている。そして〈犬〉という標記や音と、生き物としての〈犬〉との間には、そう呼ばれる必然性はない。つまり人間が勝手に決めたのだ。それに〈七色の虹〉とかいうが、〈虹〉は二色だという見方もある。そんな見方も言葉が勝手につくっている。こうした**差異性**と**恣意性**（＝**勝手気ままな性質**）も言語の特質だ。

コンテクスト

コンテクスト…①文脈　②ある事柄の裏側にある背景、状況

チェック問題

❶次の図の中の空欄に入れるのに最も適当な語句を後の［　］から一つずつ選び、記せ。

〈始まりの世界〉
＝
［　　　　］

↓
〈言語〉によって
↓
［　　　　］
↓
［　　　　］の形成

［分節化　秩序　論理　記号　混沌］

ロゴス

ロゴス…ギリシア語で〈言葉〉という意味。**ロゴス**には、真理が含まれると考えられた。理性・論理という意味でも使われる。

テクスト(テキスト)

テクスト(テキスト)…教科書という意味とは別に、言葉によって書かれたもの、表現されたもの、という意味がある

「作品」という言葉には「作品」をつくった主体である「作家」の存在を感じさせる、近代的な**主体**重視のニュアンスがある。これに対して「**テクスト(テキスト)**」には、読者がいろいろな解釈をしてもいいよ、というニュアンスが含まれるため、〈**反近代**〉的な意味を示す語だともいえる。

クレオール

クレオール…ある言語が他国や植民地で使われているうちに、現地の言葉と融合してできた言語をピジンという。そのピジンが定着して母語(＝自然に身につけた言葉)となった状態。習慣などを含むときもある。

詭弁

詭弁《きべん》…こじつけの議論。見かけは正しく思える考え方。「詭弁《きべん》」を用いる人たちを古代ギリシアでは**ソフィスト**と呼んだ。

---

❷ 次の語句に最も関係のあるものを後の[　]から一つずつ選び、記せ。

A クレオール —［　　］

B 詭弁《きべん》 —［　　］

C テクスト —［　　］

D ロゴス —［　　］

E コンテクスト —［　　］

［ソフィスト　読者　論理　植民地　文脈］

9 言葉（言語） 実戦演習問題

「言葉」と「貨幣」との共通点について理解する。指示語を含む傍線部問題は、指示語の指す内容を前だけでなく、指示語の後ろもチェックしながら傍線部の意味を確定しよう。

解答は別冊62・63ページ

次の文章を読んで後の問いに答えよ。

言葉と貨幣が共有する類似点を掘り下げていくと、以下に見るような本質が浮き彫りにされてくる。

第一に、いずれの価値も〈関係〉から成り立っているという点である。つまりは、全体から切り離した〈個〉としての存在は、それだけでは何の価値ももたないということだ。一見、一万円札はたった一枚でも一万円の価値をもっているように思われるが、これは一つにはその紙幣と交換可能な物（たとえば一万円分の米）との関係において、二つには円単位が構成している貨幣体系(注1)内での他の貨幣との相関関係においてのみ機能する。それに加えて、円とドル、円とフランといった、他の貨幣体系との均衡(注2)（いわゆる円相場）によっても支えられているのである。

同様に、言葉の方も個としての〈単語〉は、それが属している体系と切り離しては価値をもたない。そしてこの場合も、[A]それが基盤とする関係は二重である。一見、日本語の「兄」という語は英語のbrotherと同じ意味をもつようだが、その価値は異なっている。なぜならば、日本語という体系内では「兄」のかたわらに「弟」という語があるのに対し、英語の体系内には、そうした対立項は存在しないからである。

もう一つの関係は、「単語の意味は文脈のなかではじめて決まる」という事実から見えてくる。この文脈は、単に文法上の前後関係にとどまらず、語が用いられるすべての［ B ］、すなわち言語的・社会的・歴史的状況である。同じ「民主主義」という語にしても、それが使われる前後の単語、また語り手と聞き手の［ C ］、その発言がなされる〈場〉次第で、まことにさまざまな意味を持つことを想起(注3)されたい。

注

1 **体系**…組織・まとまり・システム（本冊P21参照）。
2 **均衡**…バランス。
3 **想起**…思いおこすこと。

（丸山圭三郎『言葉と無意識』）——（センター試験＝現共通テストに出題された文章の一部）

1 **傍線部A「それが基盤とする関係は二重である」とあるが、どのようなことか。その説明として最も適当なものを、次のア～オから一つ選べ。**

ア　個としての〈単語〉は、その単語が属する言語体系内で他の単語との相関関係において機能すること、及び、その単語の意味は、語が用いられるすべての言語的、社会的状況の中で決まるということ。

イ　個としての〈単語〉は、たとえば日本語の「兄」という語のかたわらには「弟」という語があり、英語の brother にはそうした対立項は存在しないというように、言語によって問題となる関係は一元的ではないということ。

ウ　言葉は、周辺の言葉をも意味として含むものであり、たとえば「兄」という語は「弟」という語を同時に暗示するというように、言語の体系という基盤に照らして考えれば、常に二つ以上の意味をもって機能するということ。

エ　言葉は、貨幣と同様にそれだけでは何の価値ももたないのであって、それが使用される〈場〉全体、及び、使い手と相手の関係という二重の基盤に支えられて効力をもつということ。

オ　言葉の価値は、その言葉がもっている意味と密接な関係があること、及び、言葉が使用される〈場〉全体によって意味が決定されるということ。

答

2 **空欄B・Cに入れるのに、最も適当なものを次のア～オからそれぞれ一つずつ選び、記号を記せ。ただし、同じものを二度用いてはならない。**

ア　グローバリズム　　イ　イデオロギー　　ウ　カオス
エ　クレオール　　オ　コンテクスト

答　B　　C

〈表現（芸術・文学）〉── 異世界へと人を誘《いざな》うもの

芸術と聞くと、〈硬い、むずかしい〉というイメージをもつ人も多いだろう。たしかに毎日平凡だけど、この普段の生活は繰り返していればいいだけだから、楽といえば楽だ。でも私たちはそうした日常の生活にふと嫌気《いやけ》がさして、あるいは普段の自分がしょぼいなと思って、違う世界や違う自分を求めることがあるんじゃないだろうか。

そんなとき犯罪に走っちゃうとまずいけど、そうではなくて、違う世界を体験させてくれるのが〈芸術〉であり、すぐれた表現だったりする。それは一瞬かもしれないけれど、私たちの世界を違うものにしてくれる。よくスポーツを見たり、誰かのコンサートに行ったりして、「元気をもらいました」とかいう人がいる。たぶんあの言葉は、〈芸術〉が違う世界を見せてくれることと同じ感覚を話しているんだろうと思う。

でもそんな〈芸術〉も歴史のなかでいろいろと変わってきました。その移り変わりを理解してから、語句の世界へお入りください。

芸術の移り変わり

古代

➡〈アート〉は美術と技術の両方を指す言葉だった

➡〈アート〉は自然や神に捧《ささ》げられるもの

中世

➡ 美は神仏や眼《め》に見えない何かが創造したもの

近代芸術

➡ **人間中心主義**＝〈芸術〉は宗教などと切り離され、自立した美の世界になった

➡ **合理主義**（**主客二元論**）の影響＝**神のような作者**

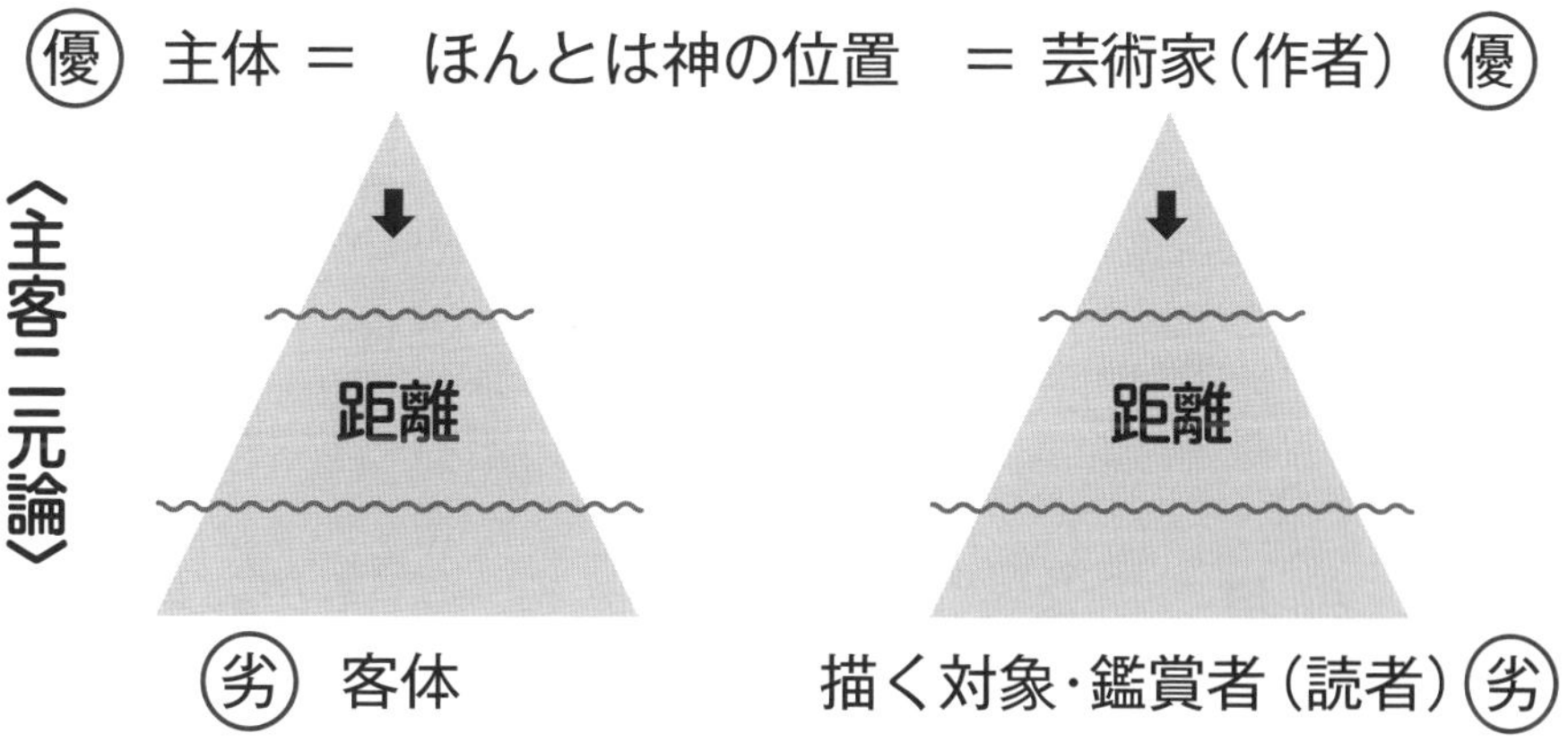

➡ **個人主義**（**近代的自我**）の影響＝**独創性**の重視

現代芸術

➡ 近代芸術への反省 ➡ 鑑賞者とともに創《つく》る、という試みへ

Step 3

23 頻出テーマ⑨表現（芸術・文学）

さあ、Ｓｔｅｐ３のラストだ。芸術論や文学論に対する苦手意識をぬぐい去り、ラストスパートで駆け抜けよう！

解答は別冊64・65ページ

近代芸術

近代芸術…科学や合理主義と個人主義の影響を受けて、客観性と個性という、本来相入れない両方のものを目指した

関連語

- **リアリズム（写実主義）**…眼《め》に見えるものだけを客観的に描こうとする傾向⇔**シュールレアリスム**…現実を超えた世界を描こうとする傾向。**超現実主義**（本冊Ｐ23参照）。
- **リアリティ**…現実味。真実味。
- **独創性（オリジナリティ）**…誰とも違う自分だけの特徴。近代芸術が追求した価値。
- **遠近法**…画家の固定された視点のみから見える世界を、**距離**感を大事にして描く絵画の方法

遠近法は、画家の視点が特別のものとされる点で、近代芸術で芸術家が優位に立つ現れであるとともに、距離を重んじ、主体こそが優れており、描かれる世界やそれを観るだけの鑑賞者は劣った客体だ、という考え方に通じるといえるため、**近代合理主義**の基盤である**主客二元論**の絵画版だ（本冊Ｐ87参照）。

チェック問題

❶ 次の文中の空欄に入れるのに最も適当な語句を後の［　］から一つずつ選び、記せ。

近代芸術は科学と［A］との影響を受けながら展開した。とくに芸術家に求められたのは、誰の模倣でもない、神のような［B］であった。

また絵画の技法としての［C］も、画家の視点を神の如く絶対化し、対象との［D］を重視する点で、近代的な二元論だともいえる。

［独創性　距離　個人主義　遠近法］

虚構（フィクション）

虚構（フィクション）…つくられた世界

芸術は**虚構**の世界を創《つく》ることによって、もう一つの世界（現実）、違う自分（＝他者）を体験させる。芸術はもう一つの世界への入り口なのだ。

レトリック

レトリック…言葉の技法・ワザ。修辞。

関連語

- **比喩《ひゆ》**…あるものごとを別の具体的なものに置き換えて示すこと
- **直喩《ちょくゆ》（明喩《めいゆ》）**…「～のような」「～の如《ごと》く」という形の比喩
- **暗喩《あんゆ》（隠喩《いんゆ》・メタファー）**…「～ような」という形ではない比喩
- **擬人法**…人ではないものを、人のように表現する方法
- **皮肉・反語（アイロニー・イロニー）**…
  ①疑問形で、言いたいことと反対の内容を述べる言い方
  ②表向きの表現の裏に、それとは反対のことを含ませる言い方
  ・表現法ではないが、主に「皮肉」のみの意味として
  ③期待と結果が異なること
  ④からかい・あてこすり
- **諷刺《ふうし》**…遠回しに社会や（力のある）他人などを批判すること
- **寓意《ぐうい》**…それとなくある意味をほのめかすこと。アレゴリー。
- **寓話《ぐうわ》**…教訓または諷刺《ふうし》を含めたたとえ話　（ex　イソップ童話）

余韻

余韻…後まで残る味わい。余情。

---

❷ **次のような表現の特徴を言い表した語句を後の［　　］から一つずつ選び、記せ。**

A　彼は歩く辞書だ。　→［　　］

B　風が泣いている。　→［　　］

C　バラのように美しい人だ。　→［　　］

［擬人法　直喩　寓話　暗喩］

❸ **次の文中の空欄に入れるのに最も適当な語句を後の［　　］から一つずつ選び、記せ。**

A　彼が期待したのとはまったく異なった結果が出たのは、［　　］としか言いようがない。

B　小説は、［　　］を通じて私たちと他人とを同化させることができる。

C　彼の創った短歌に、何ともいえない［　　］を感じた。

［虚構　皮肉　余韻］

10 表現（芸術・文学） 実戦演習問題

遠近法が近代の〈個人主義〉と関連していることを押さえよう。また「エジプトの壁画」が「遠近法」による表現と対比されていることを意識して**2**を解こう。

解答は別冊66・67ページ

次の文章を読んで後の問いに答えよ。

ここで思いだすのが、世界と人間の関係を大きく変化させることになる[A]遠近法の発見である。一人の人間の視界を画面に描出する透視図法（線的遠近法）、これを案出したのがやはりギリシア人だった。遠近法はイタリア・ルネサンス期に再興され、一七、一八世紀に数学・幾何学の進歩とともに完成の域に達して以後、西欧芸術の空間表現として決定的な役割をはたした。個人の視覚がとらえた三次元の風景が世界の実像として、二次元の画面に再現されたのである。遠近法の原則から見ると、たしかに[B]エジプトの壁画に描かれた人物は奇妙である。稚拙《ちせつ》(注1)にさえ見える。距離とともに物体の大きさは徐々に小さくなっていかなくてはいけないのだが、エジプトの壁画では、遠近にかかわらず重要な人物は大きく、重要でないものたちは極端に小さく描かれている。遠近法では、遠ざかる平行線は一点に収束(注2)していくのだが、この原則もまもられていない。人物の描き方もちぐはぐである。首から上は横顔で、目は正面を向いている。上体も正面を向いているのに、腕や脚は右か左向きで顔の向きにあわせている。そのために人物はことごとく肩越しにものを見ているふうだ。遠近法とはまったくちがった空間の表現である。

ギリシアに端を発した〈中略〉遠近法は、つまるところ「個人」にしてなお、過不足なく世界をとらえうるという確信にもとづいていた。そしてこの見方が、以後、西欧芸術の主流をなす。「個」は時代を下るにしたがって、ますます肥大化の一途をたどり近代へとむかう。西欧の正統な空間表現とみなされていた遠近法が崩壊の危機をむかえるのは、二〇世紀の初頭、対象を多視点から見た断片のあつまりとして表現したキュビスムの登場による。〈中略〉E・パノフスキーも、遠近法がもはや普遍(注3)

注

1 **稚拙**…子どもっぽくてヘタなこと。

2 **収束**…おさまること。おさまりをつけること。

3 **普遍的**…どこでも誰にでも、すべてのものに当てはまるさま（本冊P15参照）。

的な原理ではなく、ギリシア・ルネサンスの人間中心的な世界像を反映した空間表現にすぎないとした。たしかに遠近法は、精霊と超自然の怪物にみちあふれた空間を、すっきりとした線と数学的な均整をもつ空間に変え、哲学者や神学者たちが頭でつくりあげた概念による空間から、視覚による空間をとりもどした。しかし、それによって失われたものも大きかったのである。

(森夏樹「匿名性について」)

(専修大学で出題された文章の一部)

1 傍線部A「遠近法の発見」とあるが、筆者がいう「遠近法」とはどのようなものか。その説明として最も適当なものを次のア～オから一つ選び、記号を記せ。

ア　ギリシア人によって考案され、ルネサンス期に完成された、空間を数学的に描く技法。
イ　どこでも誰にでも通用する、人間中心的な世界に関する見方にのっとって空間を描く技法。
ウ　人間は神同様、過不足なく世界をとらえうるという宗教的な確信にもとづいて、空間を描く方法。
エ　科学者たちが概念によってつくりあげた空間を、数学的な根拠に基づいて描いていく絵画の技法。
オ　科学や数学が発達したルネサンス期に隆盛をきわめたが、現代では顧《かえり》みられなくなった絵画の技法。

答

2 傍線部B「エジプトの壁画」が奇妙に見えるのはなぜか。その説明として最も適当なものを、次のア～オから一つ選び、記号で答えよ。

ア　人物たちの視線が一点に集中するのではなく、それぞれに異なる方向を向いているように見えるから。
イ　それを見る人間が、個人の視覚がとらえた世界を画面に描き出す図法にのっとって見ているから。
ウ　なぜ上体が正面を向いているのに顔が横向きなのか、という点が、われわれにとって永遠の謎であるから。
エ　個人の画家がとらえた世界ではなく、複数の画家がそれぞれの眼《め》からとらえた世界が合成されているから。
オ　重要な人物ほど大きく描くという方法は理解できても、われわれには人物の重要性が解明できていないから。

答

Step 4

24 エッセイ・小説でよく使われる語句（1）

評論よりもエッセイや小説のほうが意外と手ごわい。これらの文章で使われる語句は感覚的なものが多いからだ。文脈で微妙に変わる言葉の意味の幅も意識しよう。

解答は別冊68・69ページ

あながち

あながち…（下に打ち消しの語を伴って）必ずしも。一概に。まんざら。

ex「あながち間違いとはいえない」

一矢を報いる

一矢《いっし》を報《むく》いる…攻撃や非難に対しわずかでも反撃・反論すること

大仰

大仰《おおぎょう》…おおげさなこと

ex「大仰《おおぎょう》な振る舞い」

鷹揚

鷹揚《おうよう》…ゆったりと落ち着いていること ≒ 悠然

ex「鷹揚《おうよう》にかまえている」

おずおず（と）

おずおず（と）…ためらいながら。こわごわ。おそるおそる。

ex「おずおずと手紙を差し出す」

チェック問題

❶ **次の言葉と同様の意味を表す語を後の［　］から一つずつ選び、記せ。**

A　こわごわ　―［　　］

B　プライド　―［　　］

C　必ずしも　―［　　］

D　おおげさ　―［　　］

［機微　矜持　あながち　おずおずと　大仰］

固唾を飲む

固唾《かたず》を飲む…ことの成りゆきを見守るときの緊張した様子

気が(の)置けない

気が(の)置けない…＋気を遣《つか》わなくてよい

機微

機微《きび》…微妙な事情・様子。**ニュアンス**。

ex「人情の機微《きび》にふれる」

矜持(矜恃)

矜持《きょうじ》(矜恃《きょうじ》)…誇り。プライド。≒**自負・自恃《じじ》**(本冊P31参照)

屈託

屈託《くったく》…気にかけてくよくよすること

ex「屈託《くったく》が(の)ない(＝さっぱりしていて気になることがない)」

煙に巻く

煙《けむ》に巻く…訳《わけ》のわからないことを言って相手を戸惑わせること

---

❷ 次の文中の空欄に入れるのに最も適当な語句を記せ。

A □のない子どもの笑顔に癒《いや》される。

B 今まで負け続けてきた相手に、やっと□を報《むく》いることができた。

C 緊迫した試合の展開を、□を飲んで見守った。

D □の置けない仲間と過ごす時間は、人生最良のひとときである。

E 「まあ、□にかまえていればいいよ。」

F 外国人には、「甘え」という日本語のニュアンス、つまり□が伝わらない。

Step 4

25 エッセイ・小説でよく使われる語句（2）

エッセイや小説では心理的な事柄が中心になるから、気持ち・心情を表す言葉の意味と読みは、とくにしっかり覚えていこう。

狡猾

狡猾《こうかつ》…ずるがしこいさま　ex「狡猾《こうかつ》なやり方に怒る」

沽券に関わる

沽券《こけん》に関わる…世間の評価や名誉を傷つけること

瑣末（些末）

瑣末《ざまつ》（些末《さまつ》）…ちょっとしたこと。取るに足らないこと。

憔悴

憔悴《しょうすい》…やせ衰《おとろ》えること。やつれること。

ex「憔悴《しょうすい》した面持《おもも》ち」

饒舌

饒舌《じょうぜつ》…よくしゃべること。おしゃべり。

ex「彼の饒舌《じょうぜつ》ぶりには参った」

チェック問題

解答は別冊70・71ページ

❶ 次の語句の意味として最も適当なものを、次のア〜オから一つずつ選び、記号で答えよ。

A　饒舌《じょうぜつ》

ア　話の上手なこと
イ　口数の多いこと
ウ　嘘《うそ》をいうこと
エ　軽薄なこと
オ　冗談をいうこと

□

B　沽券《こけん》に関わる

ア　体面に影響すること
イ　他人の値打ちを決めること
ウ　名誉を得ること
エ　悪事に関与すること
オ　政治に関心をもつこと

□

荘厳
荘厳《そうごん》…重々しく、おごそかであること ex「荘厳《そうごん》な佇《たたず》まい」

尊大
尊大…− 偉そうなこと ≒ 傲慢《ごうまん》

佇まい
佇《たたず》まい…①じっと立っている様子 ②人の生き方、暮らし方

躊躇
躊躇《ちゅうちょ》…ためらい。迷うこと。

陳腐 ⇔ 新奇
陳腐《ちんぷ》…ありふれていて古くさいこと
新奇《しんき》…目新しく普通でないこと

徒労
徒労…無駄《むだ》な努力。無駄《むだ》な骨折り。

---

❷ 次の言葉の中から、一般的に人間や物事を批判したり、非難したりする際に使われる、マイナスイメージをもつ語句を三つ選び、解答欄に記せ。

憔悴《しょうすい》　尊大　荘厳《そうごん》　狡猾《こうかつ》　陳腐《ちんぷ》

□　□　□

❸ 次の空欄に入る漢字と同じ漢字を含む語句を、後の［　］から選び、記号で答えよ。

A 世紀□
B □抜
C □党を組む

［ア 徒労　イ 瑣末　ウ 新奇］

A □
B □
C □

Step 4

26 エッセイ・小説でよく使われる語句（3）

ここに挙げた語句だけではなく、これから出会う文章で使われる心情や感覚を表す言葉や慣用表現を、できるだけたくさん覚えていこう。

解答は別冊72・73ページ

頓狂

頓狂《とんきょう》…突然、その場に合わない調子はずれの言動をするさま

≒すっ頓狂　ex「頓狂《とんきょう》な声を出す」

畢竟

畢竟《ひっきょう》…つまるところ。つまり。所詮《しょせん》。結局。

眉をひそめる

眉《まゆ》をひそめる…不快に思い、顔をしかめるさま

身も蓋もない

身も蓋《ふた》もない…露骨すぎて情緒も味わいもないさま

名状しがたい

名状《めいじょう》しがたい…言葉で言い表せないさま

ex「名状《めいじょう》しがたい想いに駆《か》られる」

チェック問題

❶ 次の言葉と関連が深い語句を後の［　］から一つずつ選び、記せ。

A　下品　―　［　　　］

B　円熟　―　［　　　］

C　皮肉　―　［　　　］

D　場違い　―　［　　　］

［ 老成　揶揄　野卑　頓狂　畢竟 ］

躍起になる
躍起《やっき》になる…焦《あせ》ってむきになること。いらだつこと。

野卑
野卑《やひ》…下品でいやしいこと

揶揄
揶揄《やゆ》…からかうこと

憐憫
憐憫《れんびん》…かわいそうだと思うこと。あわれみ。

老成
老成…年のわりにおとなびること。経験を積んで、円熟すること。
≒老練

狼狽
狼狽《ろうばい》…うろたえること

---

❷ 次の語句の空欄に入れる漢字を後の［　］から一つずつ選び、記せ。ただし同じものを二度用いてはならない。

A　そういっては［　］も蓋《ふた》もない。

B　思いもよらない事の成り行きに［　］狽《ばい》する。

C　むごいありさまに、［　］をひそめる。

D　［　］状しがたい感情が心のなかにあふれてきた。

E　自己弁解に躍［　］になる。

F　［　］憫《びん》の情をもよおす。

［名　眉　起　狼　身　憐］

11 エッセイ・小説でよく使われる語句　実戦演習問題

主人公が暗い心を抱えていること、それは医者であることに関連があること、そしてそうした心をかよさんとの釣りが慰めてくれること、を理解しよう。

解答は別冊74・75ページ

次の文章を読んで後の問いに答えよ。

かよさんの釣りは見事だった。〈中略〉かよさんは七本ある針にできるだけ多くのワカサギを掛けてからようやく道糸をたぐり上げるのである。だから、三匹や四匹掛かっているのはあたりまえで、七本の針に全部ワカサギが付いてくるのも稀《まれ》ではなかった。

「すごいですねえ」

はじめのうちはただ[A]あっけにとられていた。

「慣れだわ。慣れ」

かよさんは白い息に包まれながら黙々と釣り続けていた。

ときおり手をかざすミルク缶製のコンロに網を置き、釣れたワカサギを白焼きにしてから軽く塩をふってつまんでいたが、それがかよさんの朝食らしかった。

「食べてみとくれ」

うながされて何度か口に入れさせてもらったが、あっさりとした苦みのある上品な香りが口内に満ち、口元をゆるめる以外の表情を造れなくなったものだった。

こうして毎年冬になるとかよさんの横に並ばせてもらってワカサギを釣るようになった。

医者という仕事は年とともに肌になじまなくなっていた。青くさいつっぱりの意気などとうに捨て、平凡でもいいからとにかく心安らかに暮らしたいと精一杯の妥協をしても、病院に行けば死が待っていた。治療の成否とは無関係に、死すべき者は死んでゆくあたりまえで冷酷な現実をこれでもか、これでもかと見せつけられる毎日だった。死を他人事として器用に内部処理できなかったので、自らの

注

1 **臨床医**…実験・研究中心ではなく、実際に病人を診察・治療する医者。

余命の短さばかり考えて寝つかれない夜を重ねていた。まだ三十歳に満たない若造にとって、明日への楽観を許されずに生きることは、B暗い袋小路の直進にほかならなかった。

かよさんを師匠とあおいでひたすらワカサギの釣果《ちょうか》を上げる。それは目で確認でき、数で記憶される進歩であり、向上であった。努力の果てに死を見なければならない臨床医(注1)の徒労よりも、自らの手で食料を得るワカサギ釣りの原始的な労働の方がはるかに多くの明日を生きる活力を与えてくれたのだった。

（南木佳士『冬物語』）

（センター試験＝現共通テストに出題された文章の一部）

1 **傍線部A「あっけにとられて」の意味として最も適当なものを、次のア～オから一つ選べ。**

ア　相手に気を遣《つか》って
イ　熱意に押されて
ウ　尊敬の念にとらわれて
エ　驚き、心を奪われて
オ　大きな感動におそわれて

答

2 **傍線部B「暗い袋小路の直進にほかならなかった」という表現についての説明として最も適当なものを、次のア～オから一つ選べ。**

ア　医師として名声を博したいという目標が揺らいだことで、自分の将来に対する明るい見通しがなくなり、行き場のない不安を感じているという心情を表している。
イ　患者の死に直面して現代医療の問題点を意識することで、社会制度の不備に対して憤《いきどお》りを感じ、やり場のない怒りを持て余しているという精神状態を表している。
ウ　平穏な生活を望みつつも、煩《わずら》わしい雑事に振り回される毎日を送ることで、漠然とした苛立《いらだ》ちを感じ、もどかしい思いをしているという心境を表している。
エ　自らの余命の短さを意識せざるを得ない状況に追い込まれることで、逆に生きることへの強い意志が生じ、人生を力強く突き進んでいきたいという決意を表している。
オ　医師として死に向き合う毎日を送ることで、逃れようのない現実に対して無力感を感じ、悲観的な展望しか持つことができないという気分を表している。

答

Step 4

27 描き方を説明する語句（1）

学校の教科書を見るとわかると思うけど、「表現」に関する学習は重点ポイントだ。ここでは「表現」について問われる際に用いられることの多い語句を確認しよう。

解答は別冊76・77ページ

おもな「○○的」という表現

写実的

写実的…事実をありのままに、感情や判断を交えずに描くさま

幻想的

幻想的…現実離れした、夢や幻・空想の世界を思わせるさま

叙情的（抒情的）

叙情的《じょじょう》（抒情的《じょじょう》）…感情や情緒を述べ表すさま

象徴的

象徴的…ある事柄や心情をストレートに述べるのではなく、別のものに置き換えて示したり、暗示したりするさま

たとえば「淋《さび》しい」とか「孤独だ」とか書かずに、「私の目の前の木には、一枚の木の葉も残ってはいなかった」というように表現して、「淋《さび》しさ」や「孤独感」を暗示するのが**象徴的**な描き方だ。

チェック問題

❶ **次の文中の空欄に入れるのに最も適当な語句を後の［　］から一つずつ選び、記せ。**

文学も時代の変化にともない、変わっていく。科学などの影響を受けた近代では、［ A ］で［ B ］を追求した作品が主流となったが、一方その反動から、非現実的なロマンティックなものを描く［ C ］な作品も好まれた。

現代では多様な価値観を反映し、簡潔なものから［ D ］な描写を行う作品までさまざまな表現が混在している。

［ 幻想的　迫真性　重層的　写実的 ］

❷ **次のような小説の描き方の特徴を表す語句として、適当なものを後の［　］から一つずつ選び、記せ。**

耽美的

耽美的《たんび》…社会道徳を無視しても、ひたすら美の世界を描くさま

官能的

官能的…感覚、とくに性的な感覚に訴えかけてくるさま

内省的

内省的…深く自分をかえりみたり、分析したりするさま

迫真的(性)

迫真的(性)…真にせまっているさま。いかにもそのものらしいさま。リアルさがあるさま。

重層的

重層的…複数の内容やイメージが重なり合うように描くさま

独白(的)

独白(的)…相手なしに自分の思いを話すこと＝**モノローグ**。ひとりごとふうな。

A 彼は物置小屋の中の薄明が好きだった。彼はときどき、この薄明の中で、友人たちに気づかれないように、こっそりと泣いた。(堀辰雄《ほりたつお》『鼠《ねずみ》』)

[　　　　]

B 彼は自分が夢を見だしているのに気づいた。それとほとんど同時に、彼はあたかも夢遊病者のように、無意識的に、彼のまわりにころがっている石膏《せっこう》の破片をよせ集め、そしてそれを接《つ》ぎ合わせはじめていた。(堀辰雄《ほりたつお》『鼠《ねずみ》』)

[　　　　]

C 落ちついた今の気分でその時の事を回顧《かいこ》して(＝ふりかえって)みると、こう解釈したのはあるいは僕の僻《ひが》みだったかも分からない。僕はよく人を疑《うたぐ》る代わりに、疑《うたぐ》る自分も同時に疑わずにはいられない性質《たち》だから(以下略　夏目漱石《なつめそうせき》『彼岸過迄《ひがんすぎまで》』)

[　　　　]

幻想的　叙情的　内省的

Step 4

28 描き方を説明する語句(2)

さあ、いよいよ最後。お疲れ様。終わり良ければすべて良しという諺《ことわざ》どおり、ビシッと決めて終わりましょう。そしてまた少し経《た》ったら再チャレンジしよう!

解答は別冊78・79ページ

浮き彫りにする

浮き彫りにする…物事の様子や人物のありさま、心理などをはっきりと目立たせること

奥行きがある

奥行きがある…表現や描写に多様な意味やイメージが込められ深みがあること。(人柄や考えの奥深さが感じられること。)

醸し出す

醸《かも》し出す…ある感じや雰囲気を自然な感じでつくりだすこと

誇張

誇張…実際よりおおげさに表現すること ≒ **デフォルメ**

端的

端的《たんてき》…わかりやすく、はっきりしているさま。てっとりばやくポイントを押さえて表現しているさま。

チェック問題

❶ 次の文中の傍線部分を、後の[ ]から選んだ語句の語尾に適切なひらがなを付加して、言い換えよ。

A その娘の顔立ちは、彼女の母の面影をありありと思い浮かばせた。

↓

B 突然の出来事だったにもかかわらず、彼は動じることなくあっさりと今の心境を語った。

↓

C わかりやすく要点を押さえて説明してください。

↓

端的　彷彿　淡々　丹念

❷ 次の文(北杜夫《きたもりお》『幽霊』)の表現の説明として最も適当なもの

淡々(と)

淡々《たんたん》(と)…感情の揺れ動きがなく、あっさりとしているさま

「○○の様子が淡々と描かれている」なんてコメントがよく小説問題の選択肢にあるが、正直「淡々」かどうかは受け取り方次第、というかかなり主観的な判断。だから迷うけど、まったく違うといえない場合は、とりあえずOKと考えていい。

丹念

丹念《たんねん》…細かいところまで注意ぶかく丁寧《ていねい》に行う様子 ≒ 克明。(心をこめて念入りにする様子。)

彷彿(髣髴)

彷彿《ほうふつ》(髣髴《ほうふつ》)…ありありと思い浮かぶこと。似ていること。「(〜は)——を彷彿《ほうふつ》(と)させる」「〜が彷彿《ほうふつ》としてよみがえる」などと使う。

明晰

明晰《めいせき》…明らかではっきりしていること

ex「明晰《めいせき》な文章」

を、ア〜オから一つ選び、記号で答えよ。

> 花弁の白さのなかに、たそがれの光線が、雄《お》しべ雌《め》しべのかげが、バックの濃緑《こみどり》の布が、微妙な色あいを映していた。

ア　たそがれの光線、花心のかげ、バックの布の濃緑《こみどり》を重層的に描き、それらが映ってつくり出す花弁の白さの中の色調とかげりの微妙さを表そうとしている。

イ　花心のかげとバックの布の濃緑《こみどり》のコントラストが醸《かも》し出す微妙な色あいの中に、浮き彫りにされる花弁の白さを強調しようとしている。

ウ　たそがれの光線、花心のかげ、バックの布の濃緑《こみどり》がつくり出す微妙な色彩の中に、花弁の白さが溶け込んで新奇な色あいが生まれるさまを丹念に描いている。

エ　花弁の白さとかげりに奥行きを与えている、たそがれの光線、花心のかげ、バックの濃緑《こみどり》の布を、それぞれ誇張して印象づけようとしている。

オ　花弁の白さの中に微妙な色あいをつくり出している、たそがれの光線、花心のかげ、バックの濃緑《こみどり》の布によって、時の流れを象徴的に表そうとしている。

基礎からの
ジャンプアップノート

現代文
重要キーワード
書き込みドリル

改訂版

別冊解答

旺文社

別冊解答 もくじ

Step 1

1 文章を読むのに必要な超基礎語（1）

問題は本冊6・7ページ

解答

❶「自然」の反対語を二つ記せ。

人工　　人為

（そのほか、超自然でもよい）

❷ 次の文中の空欄に入れるのに最も適当な語句を後の［　］から一つずつ選び、記せ（同じ記号の空欄には同じ語が入る）。ただし同じものを二度用いてはならない。

人間は、［A 自然］を自分たちのために利用しようとして［B 技術］を進歩させてきた。その典型が西洋［C 文明］と呼ばれるものである。そして西洋［C 文明］は、自分たちとは異なった生活習慣などをもつものを［D 野蛮］と呼び、世界を［C 文明］と［D 野蛮］とに分割したのである。

［文明　自然　野蛮　技術］

❸ 次の文中の傍線部を適当な語句に言い換えよ。また空欄Cには適当な語句を記せ。

解説

❶ 言葉は反対語や類義語とネットワークにして覚えよう！

「自然」の反対語としては「**人工**」「**人為**」がまず考えられるが、「**超自然**」という解答もＯＫ。

❷「文明」と「野蛮」は反対語！

Aは「人間」が、自分の外部にあるものとして「利用」してきたもの＝「自然」。**B**は**C**と関連させて考える。**C**は直前の「西洋」と結びついて熟語になるので「文明」が適当。「**文明**」は「**技術**」的側面を指す語だから、**B**に「技術」を入れ、その典型が「西洋**文明**」だというつながりをつくればよい。**D**には、**C**に入る「文明」と対になる語「野蛮」を入れる。

人間は狩猟にしても農耕にしても、集団によって行う存在である。初めの集団は[A]血縁や地縁に基づいた集団であったと考えられる。

だがそうした集団には厳しい規則や濃密すぎる人間関係が存在するため、それを嫌った人々によって徐々に解体されていく。そしてその後に出現したのが、[B]血縁などを離れた個人を単位とした集団である。

ただ日本では「[C]世間体が悪いからやめなさい」という表現に代表されるように、個人の自由よりも、[D]身近な人との縁を尊重する集団のほうが重んじられてきたともいえる。

A 血縁や地縁に基づいた集団

↓

共同体

B 血縁などを離れた個人を単位とした集団

↓

社会

D 身近な人との縁を尊重する集団

↓

世間

❸ 三つの〈集団〉の違いを確認しよう。

A・B・Dについては、

・**共同体**…血のつながり（血縁）や同じ土地に住む関係（地縁）で結びついた集団

・**社会**…共同体が解体した近代以降に、個人を単位として結びついた集団

・**世間**《せけん》…身近で縁のある人々の集まり。共同体的つながりを残す日本的な社会のあり方。

という語句の意味を思い出そう。

Cの「**世間**体が悪い（＝**世間**の人々に悪く見られること）」や、「**世間**体を気にする（＝**世間**の人々にどう見られるかを気にかけること）」などの慣用的な表現は覚えておこう。

Step 1

2 文章を読むのに必要な超基礎語(2)

問題は本冊8・9ページ

解答

❶ 次の文中の空欄に入れるのに最も適当な語句を後の[ ]から一つずつ選び、記せ(同じ記号の空欄には同じ語が入る)。

たとえば、一般的な[A 道徳]においては、〈人を殺してはならない〉とされる。そしてそうした[A 道徳]は、社会全体で共有され、法という[B 制度]にもなっていく。それは社会の秩序(=整った状態・関係)を維持していくためには必要なことである。しかしもし肉親のつらい闘病生活を見ていて、そしてその肉親が「死にたい」と苦しげにつぶやくとき、私たちのなかに「死なせてあげたい」という感情がわき起こってくることはないだろうか。そのとき私たちは「自分はこの人に対してどうすべきなのか」という、[A 道徳]とは異なる、[C 倫理]的な問いに直面しているのだ。

このように、時に[A 道徳]と[C 倫理]

解説

❶ **「道徳」と「倫理」の違いを確認しよう。**

Aは、「一般的な…され」ているものであり、「社会全体で共有され」るものである。これらから**A**には、その人の外側にあり、その人の言動を規制するものというニュアンスをもつ語が適当だと考え、「道徳」を入れる。

Bは「法」とイコールになる。「法」は〈社会のしくみ・きまり〉だから「**制度**」である。よって**B**には「制度」を入れる。

Cを含む一文は、困難な場面に立たされて、単純に〈人を殺してはならない〉という常識が通じない状況を示している。そのなかで、人間は自分で考え、自分でどうするべきかを考えなければならない。つまり自分の内側から聞こえてくる声に耳を傾けなければならないのである。よって**C**には、自分(=個人)で考えるというニュアンスをもつ「倫理」が適切。

とは、対立することもあるのである。

倫理　制度　道徳

❷ 次の各文の傍線部を簡潔に言い換えよ。

a オリンピックで歴史的な記録が生まれました。

↓ 歴史に残るような偉大な

b かつては恋愛と結婚とは別のものと考えられていたともいわれる。とすれば恋愛と結婚を結びつける考え方は歴史的なものだといえる。

↓ ある時代につくられた（時代により変化した）

---

❷「歴史的」の意味を覚えよう！

「**歴史的**」には、

①歴史に関連するさま
②歴史に残るような偉大な
③ある時代につくられた・時代により変化した

という三つの意味があった。

aは、「オリンピック」で出た記録を説明する「歴史的」だ。その「記録」は〈残る〉だろうから、①よりは、②の意味がふさわしい。

bは、かつてなかった〈恋愛と結婚〉の結びつきが、ある時期から社会に広まってきたという内容の文である。よって③の意味がふさわしい。

a・**b**とも解答例とほぼ同じであればよい。一字一句同じでないと×というわけではないのでご安心を。ただし**a**・**b**の傍線部の後の「記録」、「もの」につながるように書こう。

＋α 重要語

「歴史」の関連語　**歴史観**…「歴史」に対する見方・考え方　**〜観**…「〜」に対する見方・考え方

3 文章を読むのに必要な超基礎語（3）

問題は本冊10・11ページ

解答

❶ 次の文中の傍線部を別の語に言い換えよ（Aは漢字二字、Bは漢字仮名交じりの二字～三字の語）。

彼は「そんなことにどんなA意味があるというんだ!?」と、B憤《いきどお》りを露《あら》わにしていった。

A 意味 ↓ 価値（意義）

B 憤り ↓ 怒り（腹立ち）

❷ 例を参考にして、次の〈記号〉が表す〈意味〉を簡潔に記せ。

例 〈記号〉＝涙
↓ 〈意味〉＝悲しみ

〈記号〉＝高級外国車
↓ 〈意味〉＝ 富（裕福・金持ちなど）

（そのほか、同様の内容であればよい）

解説

❶ 何気なく使う言葉こそ深い…

Aは、「ヒトコト解説」にも書いたように、「**意味**」は「**価値**（意義）」などに置き換えることができる、ということを確認する問題。

Bはちょっと応用編。「憤り」は「怒り（腹立ち）」と同じ意味の言葉。「憤りを覚える」というような使い方もするので覚えておこう。

❷ 「記号」は日々作られる!?

「ヒトコト解説」に書いたように、常識的に「**意味**」が固定されている「**記号**」以外のどのような物事でも、「意味」が与えられれば、それは「**記号**」になる。そうしたことは個人的なものでも、ある集団特有のものでもありうるし、個人的な次元の「記号」の意味が社会的に認知され、共有されていけば、その「**記号**」の意味は固定されていく。

今回の問題ではこのことを確認してほしい。「高級外国車」は〈富・金持ち〉（お金を得る方法が法律を犯している場合は、ちょっと違う意味になるが…）、という意味やイメージを示すことは、社会的にも了解されているだろう。記号のことを**コード**ともいう。

❸ 次の文中の空欄に入れるのに最も適当な語句を後の［　］から選び、記せ（同じ記号の空欄には同じ語が入る）。ただし同じものを二度用いてはならない。

人間の［A］に関しては、単純に〈心〉と考えて、気持ち＝［B］と考えやすい。だが［A］には多様な要素があり、［C］もその一つである。［C］は、感覚的な刺激などによって働く［D］に基づいて、物事の意味に関する［E］をつくりあげていく。そしてその結果得られるものを［F］と呼ぶのである。

知性　認識　精神　知識　知覚　感情

A 精神	B 感情
C 知性	D 知覚
E 認識	F 知識

❸「感覚」→「知覚」→「知性」→「認識」の流れが大事！

Aは「心」と考えてしまいがちなもの。「精神」と「感情」が候補だが、二度同じものを用いてはならないという設問条件と、「気持ち」とイコールのものがBに入ることを考えて、Bに「感情」を入れるほうがよいと判断する。するとAは「精神」で決まり。

Cは、A＝「精神」の「要素」だ。精神は「知・情・意」で成り立つものであった。「情」はBで触れたから、残りの「知」と「意」のどちらかを入れる。「意」に当たる選択肢はないから、Cには「知」に関係する「知覚」か「知性」が入る。ここで「知性」とは〈（感覚的な刺激などによって機能する）知覚をもとに認識をつくりあげる働き〉だったことを思い出そう。

①**感覚**が刺激を受ける（眠ってたら、急に「あちっ!?」）→
②**知覚**が感覚の受けた刺激をもとに物事の性質を探る（「何か熱いものにさわった」）→
③**知性**がそれを整理しまとめようとする（「どういう状況が考えられる？」）→
④**認識**の誕生（「ベッドの横にあったストーブにさわった！」）

という順序。なのでCは「知性」、「感覚的な刺激」に関わるDは「知覚」、「つく」られるEは「認識」。そして「**認識**」の結果得られたもの（「ストーブは熱い」）＝Fは「知識」となる。

＋α 重要語

「精神」の関連語　**五感**…感覚（＝物事を感じること、またはその働き）のうち、視覚・聴覚・触覚・味覚・嗅覚《きゅうかく》のこと。または感覚の総称。

Step 2

4 評論読解に必要な基本語（1）

解答

❶ **次の「概念」・「観念」という語句の用例の中で間違っているものを一つ選べ。**

a 「自然」という概念は「人工」という概念と対置される。

b 私の「美」に対する概念は、他人と違うらしい。

c 「犯人に告ぐ。観念して出てこい！」

d 講演の観念的な内容に嫌気《いやけ》がさす。

b

❷ **次の構造図の空欄に入る言葉を記せ。**

現実に対して ［捨象］（漢字二字）を行う

［**抽象**］ ← ［具体］（漢字二字）

共通要素の抽出 ＝ 抽象　　現実 ＝ 具体

解説

問題は本冊12・13ページ

❶ **「概念」と「観念」の違いに注意！**

「概念」は一般的な考えだから、**b**の「私の『美』に対する概念」という言い方はおかしい。「概念」は誰もが納得する一般的な考え。「私の」という個人的なものの場合は「観念」というべきである。

aは一般化されたものと読めるので、「『自然』という概念」、「『人工』という概念」という表現は問題ない。**c**の「観念」は動詞として用いられていて〈あきらめる〉という意味。**d**は「観念的」がマイナスイメージで使われている場合で、これも問題ない。

❷ **「具体」から「抽象」へという仕組みを押さえよう。**

たとえば、具体的な現実の存在（ex鈴木君・田中君・佐藤君）から個別性（3人の個性）を取り去る「捨象」を「行」い、「**共通要素**（みな「人間」だ）」を抽《ぬ》き出すことが「抽象」だ。このことを再確認しておこう。

またこの図のように、「抽象」の世界は、具体的現実から上昇した地点にあるというイメージも覚えておこう。たとえば誰かが「おい人間。人間はいるか!?」とかいったらドン引きだよね。だって〈人間〉など現実にはいないから。現実にいるのは〈あの鈴木君、あの田中君〉という具体的存在だけ。つまり抽象の世界は現実を超えたところにある。

❸ 次の各文の傍線部を言い換えよ。

a　君の話は抽象的だ。

↓ わかりづらい（現実（の目に見える個々の物事）に即していない）

b　もう少し具体的に話してくれ。

↓ わかりやすく（現実（の目に見える個々の物事）に即して）

❹ 次の文中の空欄に「具体・抽象」のどちらかを記せ。

科学は誰にでも通用する法則を求めるので、［抽象］の世界だが、文学は生々しい一回限りの現実やイメージを描こうとする点で、［具体］を重んじる。

---

❸ 言い換えられる力こそ本当の語彙力だ！

具体的…現実の目に見える個々の物事に即しており、わかりやすい
⇔抽象的…現実の目に見える個々の物事に即していないため、わかりづらい、という意味を確認しよう。

❹ 「科学」と「文学」はどっちが「抽象」的？

「科学」は「誰にでも通用する法則を求める」とあるので、一般化された「抽象」の世界へと向かうと考える。一方「文学」は、「生々しい一回限りの現実やイメージを描こうとする」とあるので、「現実」と関連の深い「具体」を入れる。

右に書いた「科学」と「文学」に関することは、この設問だけではなく、たいていの「科学」と「文学」についていえることだ。もちろん科学者の前に最初にあるのは具体的事例（たとえば肺炎になったAさん）だが、それ（Aさん）を観察・分析して、一般（肺炎患者みんな）に通用する治療方法を探り、最終的に法則（肺炎にはペニシリンが効く！）を見出《みいだ》す。つまり科学は、最後には具体を離れて一般化された**抽象**の世界へと向かうのだ。一方文学でも抽象的な表現へ向かうものもある（絵であれば抽象画というものもある）が、基本的には個人的な感覚やイメージ、体験などの「**具体**」に徹底的にこだわるものだと考えてよい。

＋α 重要語

「本質⇔現象」の関連語　**実体**…①具体性をもった事物の本体　②人間や他との関連をもたず、それ自身としてあるもの≒**実在⇔仮象**…仮の姿。あると思われているが、本当は存在していないもの。

Step 2

5 評論読解に必要な基本語(2)

解答

❶ 次の文中の空欄に適切な語句を記せ。

私たちは意識しないにせよ、日々ある対象に関する認識を行っている。その認識を行う「私」を［主体］と呼び、認識される対象を［客体］と呼ぶ。

❷ 次の文中の傍線部を、【主観・客観】のどちらかを用いて解答欄に合う形で記せ。

私たちは誰か大事な人を待っているとき、その時間がとても長く感じられる。その時間に対する感覚はその時点における Aその人だけのものだといえる。

一方、時計で示される時間は、B誰もが共有できる時間だといえるだろう。

A その人だけのもの

↓

［主観的］なもの

解説

問題は本冊14・15ページ

❶ 「私」と、認識「対象」との関係を確認しよう!

以下を再確認しよう。

〈物事を認識する自己〉＝上記の「私」＝主体

〈認識される対象〉＝客体

❷ 対になる言葉は一番違うポイントを意識しよう。

Aは、「その人だけ」の感じ方である。とすると、それは自分だけの考え方・感じ方だから、「主観的…自分だけの考え方や見方にかたよっているさま」が適当。

また「時計で示される」ような、B「誰もが共有できる」時間は〈誰にとっても変わらないさま〉を意味する「客観的」がふさわしい。

どちらも解答欄の「な」に続くように「的」をつけること。

B 誰もが共有できる時間

↓

［客観的］な時間

❸「普遍」の反対語を二つ記せ。

［特殊］　［個別］

（そのほか、個人でもよい）

❹次の文中の空欄に「普遍・一般・特殊」のうち、当てはまるものを記せ。ただし同じものを二度用いてはならない。

A 国家とは、権力を手にした者が、地域や集団を統治しようとしてできた歴史的なものであり、決して［普遍］的なものではない。

B 日本のように、国の形態が群島であるというのは、やはり、［特殊］だといえる。

C たとえば刺身のように、魚を生で食べるのは、我が国では［一般］的だが、やはりまだ日本独特の習慣だといってよいだろう。

---

❸対になる反対語を覚えておくと言い換えも楽になるよ。

「**普遍**」は〈どこでも誰にでも、すべてのものに当てはまること〉。反対語の「特殊」などの意味も確認しておこう。

→「**特殊**」…特定のときに特定のもの／人にのみ成り立つこと。≒**個別（個人）**

❹前に出てきた語句も思い出そう！

Aは、以前に覚えた「歴史的」を思い出そう。「歴史的」には〈ある時代につくられた〉という意味があった。すると「国家」は、いつの時代にもあったわけではないと言っているのだから、〈どこでも誰にでも、すべてのものに当てはまる〉「普遍」的なものではないといえる。

Bは、「日本のように、国の形態が群島であるというのは」アジアなどにもあるが、世界的に見れば例外的なものだろう。よって、「特殊＝ふつうのものと違っている」といえる。

Cは、「我が国」では「ふつう」＝「一般」的だが、世界的に見ると、「日本独特の習慣だ」という文脈。全世界的に見られるものではないので、「普遍」は入らない。

+α 重要語

基本の語　**恒常的**…一定していて変わらない状態にあるさま

Step 2

6 評論読解に必要な基本語(3)

解答

❶ 次の文中の空欄に「絶対・相対」のどちらかを記せ。

科学を[絶対]的なものとみなす考えが誤《ご》謬《びゅう》(＝過《あやま》ち)であることが、原発事故などで明らかになった。私たちはもはや「原発＝安全」という図式を信じることはできない。すなわち、テクノロジーに[絶対]的な価値を置くのではなく、自然や環境、そして人間との関係性のなかで、科学を[相対]化して見つめ直さなければならない時期に来ているのである。

解説

問題は本冊16・17ページ

❶ **大頻出の「絶対」・「相対」の意味は絶対忘れずに!**

「科学」＝[　]的、という考えが過ちであることと、「原発＝安全」が信じられないこととは、「原発事故」で同時に生じたのだからペアだと考えてよい。とすると逆に言えば、今までは「原発＝安全」かつ「原発」をつくった「科学」＝〈すごい＝ダントツ〉と考えてきたことを示している。だから最初の空欄には〈すごい＝ダントツ〉＝「絶対」を入れればよい。

二つめの空欄は前の文と「すなわち」という言い換えの接続語でつながっているし、「科学」と「**テクノロジー**(＝科学技術)」はほぼ同義(＝同じ意味)と考えてよいので、二つめの空欄にも「絶対」を入れて、前の文やその前の文と同内容にする。

三つめの空欄は、直後に「見つめ直さなければならない」とあるので、〈冷静に物事を見つめ直すこと〉を意味する「相対」を入れればよい。

❷ **「冷静に見つめ直す」を言い換えると?**

「冷静に見つめ直してみること」＝「相対化」は、まずクリアーしてほしい。「大切」は「重要(大事)」などと言い換えられるとナイス。語尾は「である」などでもOK。そして傍線部の前の部分も、「自分」→「自己」、「ものの見方」→「価値観(思考・視点)」など、と言い換える

❷ **次の文の傍線部の表現を、傍線部の言葉をできるだけ使わずに言い換えよ。**

たんに相手の考えを批判するのではなく、自分のものの見方をも冷静に見つめ直してみることも大切だ。

↓

相対化することも重要だ

❸ **「現代の価値観は相対的だ」という文の内容と最も関連がない事柄を一つ選べ。**

A 「価値観」が複数存在すること。

B 個々人の価値観が多様であること。

C 個々人が自立していないということ。

D 変化しやすい世の中であるということ。

C

こともできる。

❸ **「相対的」な状態は悪くないかも。**

「相対的」は〈他と関係しあったり、比較されたりすることで成り立ち、存在するさま〉だから、他のものが存在するAのような状態が前提だし、それはBとも相通じる。また「相対的」は、〈「変化」するという点で、「流動的」などと近い意味をもつ〉場合もあるからDも正しい。

ダントツの「絶対的」な価値観がある状況は、社会が一つにまとまっていてよいようにも思えるが、その「価値観」に人々が何も考えず従っているという場合もある。たとえば戦争中のように、みんなが「日本は神国だっ！」というような「**絶対的**」価値観に染まっている状態だ。そう考えると「絶対」は恐いのである。

一方「価値観」が「**相対的**」だということは、確かなものがない世の中のようだが、人々は自分なりの「価値観」をもっていて「自立」しているとも考えられる。だからこそ、「価値観」が多様で比較可能だともいえる。よってCの「自立していない」という断定はできないのでこれが答え。

＋α 重要語

基本の語　蹂躙《じゅうりん》…踏みにじること

7 評論読解に必要な基本語(4)

解答

❶ **次の文中の傍線部を簡潔に言い換えよ。**

一見[A]一義的なように思われる言葉が[B]両義性、あるいは[C]多義性を含むところに、詩の言葉の[D]第一義的な特質がある。

A 一義的な → 一つの意味をもつ(そのほか、単純である(な)、など)

B 両義性 → (正反対の)二つの意味(をもつ)

C 多義性 → 様々な意味(意義)(そのほか、複雑さ、など)

D 第一義的な → 一番大事である(な)

❷ **次の文中の空欄に当てはまる適切な内容を記せ(二つめと三つめは順不同)。**

[生命的なものが感じられない(温《あたた》かみのない)]という意味をもつ「無機的」という語に対して、「有機的」という語には、[全体と部分が密接なつながりをもつ]と[生き生きとした]という二つの意

解説

❶ **「義(＝意味)」のつく類語をたくさん覚えよう。**

以下の意味を確認しておこう。

・**一義**…①一つの意味、単純
　②最も重要(な意味)であること ≒第一義

・**多義**…様々な意味(意義)をもつこと。複雑。

・**両義的**…(正反対の)二つの意味をもつさま ≒二面的

・**第一義(的)**…一番大事なこと、そうしたさま

❷ **「有機・無機」は化学だけの言葉じゃない!**

「有機体」というのは、生物のことでもあり、全体と部分が密接な関係をもつもの(「社会の秩序」などを指すこともある)。このことからも「**有機的**」に〈①全体と部分が密接なつながりをもつ　②生き生きとした〉という二つの意味があることがわかるだろう。すると「有機(体)」の反対のイメージとして、「**無機的**」が〈生命的なものが感じられない。温《あたた》かみのない〉という意味になるのもわかるだろう。

問題は本冊18・19ページ

味があり、文脈に合わせて適宜《てきぎ》どちらの意味かを判断していく必要がある。

❸ 次の文中の空欄に［具体化・抽象化］のどちらかを記せ。

「帰納」が、個々の具体的事象から結論を導くという点で［抽象化］と通じる意味をもつのに対し、「演繹《えんえき》」は法則や仮説を個々の事実に当てはめていくという点で、［具体化］に近いともいえる。

❹ 次の文中の空欄に当てはまる語句を記せ。

「ハレ」や「ケ」という言葉は、**昔の風俗習慣のなかに文化の本質を探ろうとする民俗学**や文化人類学で使われる言葉で、［ハレ（晴れ）］が「公」に、［ケ（褻）］が「私」に対応するともいえる。

---

❸ 前に出てきた語句を思い出そう。

本冊P12～13で「抽象化」は、「抽象↑具体」という形で説明した。これは「結論（＝抽象的）↑個々の事象（＝具体的）」という「**帰納**」の図式と重なる。

また「具体化」は「抽象的なことを具体的なものに置き換える（抽象↓具体）」ということだから、「法則や仮説（＝抽象的なもの）を個々の事実（＝具体的なもの）に当てはめていく」「**演繹**」に通じるともいえる。これができた人はエライ！

❹ 「ハレ」や「ケ」は「民俗学」などで使われる。

「民俗学」は、主として伝統的な生活・文化を、本だけではなく、言い伝え（伝承）などを有力な手がかりとして研究する学問。日本では**柳田國男《やなぎたくにお》**・折口信夫《おりくちしのぶ》らによって独自の発展をとげた。**柳田國男**の『**遠野物語**』という本は覚えておこう（本冊のP63参照）。

最初の空欄は「公」とイコールだから〈ハレ（晴れ）＝表立って正式・公式であること〉が入ればよい。それとの対比から、二つめの空欄には「ケ（褻）」が入る。「**ケ（褻）**」は〈私生活〉を指すこともあるので覚えておこう。

＋α 重要語

基本の語　標榜《ひょうぼう》…主義・主張などを公然と掲《かか》げ示すこと

8 評論読解に必要な基本語（5）

問題は本冊20・21ページ

解答

❶ 次の文中の空欄に入れるのに最も適当な語句を後の［　］から一つずつ選び、記せ。

「象徴」という言葉は、文脈に応じていろいろな意味をもつが、基本的には［A 抽象］的な物事を［B 具体］的なものに置き換えることである。

また言葉など、つまり［C 記号］を指すこともある。「象徴」という言葉を簡潔に他の単語で言い換えてみるときには、［D 代替］・［E 暗示］などの単語を思い浮かべるとよい。

（D・Eは逆でもよい）

代替　具体　暗示　記号　抽象

解説

❶ 大頻出・大重要語「象徴」は自分でも使えるようにしよう！

「象徴」には、代表的な意味として、〈抽象的なものを具体的なものに置き換える〉、という意味があった。最初の**A**・**B**の空欄は、この意味を思い出して答えよう。

また「象徴」には、〈それ自体とは別のものを指し示す目印・記号〉という意味もあったし、「言葉」は前に書いたように（本冊のP10参照）、〈意味を表す記号〉だから、**C**には「記号」を入れればよい。

そして右に書いたように、「**象徴**」の基本的な意味としては、〈別のものに置き換える〉ということが重要。「代替」は〈他のものに置き換える、代える〉という意味だから、「**象徴**」の基本的意味と対応する。

また「暗示（する）」という言葉が「**象徴**」に関連する言葉であることも「**象徴**」の項目（本冊P20）のところで説明した。よって**D**・**E**には「代替」「暗示」を入れればよい。

❷ 「逆説」の意味は〈相反する事柄が同時に同次元に存在すること〉。

相反する「自由」と「不自由」が一緒に存在する状態を、「逆に・かえって・同時に」などを使って結びつければよい。解答例とほぼ同様の内容であればＯＫ。

❷「自由」と「不自由」という語句を用いて、次の空欄に「逆説」の例文を記せ。

> 自由を手にすればするほど、逆に(かえって)(人は何をすればよいかわからず)不自由を感じてしまう
> という「逆説」。

❸「逆説」の例として最も適当なものを一つ選べ。

A 油断大敵
B 異口同音
C 慇懃無礼《いんぎんぶれい》
D 内憂外患《ないゆうがいかん》

C

---

❸「逆説」は四字熟語にもある!

逆説…①常識と一見異なるが真理を示している考え方・表現
②相反する事柄が同時に同次元に存在すること

右のことを踏まえ、選択肢の四字熟語の意味を確認しよう。

A油断大敵…〈「油断」は失敗を招く「敵」だ〉。「油断」が「大敵」だというのは〈常識〉に反しないし、「油断」=「大敵」だから、二つは相反してもいない。よって「逆説」にならない。

B異口同音…〈違う多くの人が同じことをいうこと〉。少し字面《じづら》に迷わされたかもしれないが、「オレはサッカーファンだ」「私もそう!」ってサッカーファン同士がいうことはおかしなことではない。「逆説」は基本的におかしな状態である。だから×。

C慇懃無礼…〈うわべは丁寧だが、実は偉そう(傲慢《ごうまん》)〉。「慇懃」=「丁寧」なことと「無礼」=「偉そう」なことは相容《あいい》れない。でもそれが同時に成り立つのだ。たとえば格調高いレストランなんかにタンクトップ短パン姿で行くと、黒服のおじさんが「申し訳ありませんが、当店ではそのような姿でのご入店はご遠慮させていただいております」なんて、とっても腰の低い丁寧な言い方なのに、〈お前なんかの来るとこじゃないよっ!〉って傲慢なわけです。よって相反することが成り立つC「慇懃無礼」は「逆説」。○。

D内憂外患…〈国内の心配事と国際上の心配事〉。国内も国外もお先真っ暗で、「内憂」と「外患」は同じような状態が並列されているだけ。だから「逆説」じゃない。

+α重要語

基本の語　即物的…①主観を抜きにして、物のあり方に即して考えるさま　②味気ないさま

9 評論読解に必要な基本語(6)

解答

問題は本冊22・23ページ

❶ 次の文章の傍線部に最も近い意味をもつ語句を後の［　］から一つずつ選び、記せ。ただし同じものを二度用いてはならない。

かつては、A神や目に見えない何者かが人々に与えたと信じられていたものは、必ずそうなるという意味でB宿命と呼ばれ、逃れようのないことだった。それは人々が生きる自由をもたないということでもあったが、逆にいえば、今ここに生きていることの理由を神が与えてくれたということでもあった。それゆえ神などの存在を否定したとき、人々はたしかに自由を得たが、自分の存在や生にC根拠がないことに不安を抱くようになったのである。

［必然　偶然　超越者］

A 超越者

B 必然

C 偶然

解説

❶ Cがむずかしい。自分で考えて、できたらナイス!

A「神」などは現実を超えたところにいる〈超越的存在〉＝「超越者」だ。

B「宿命」は〈定まっている運命〉で変えようがないから〈必ずそうなる〉もの、つまり「必然」だ。

C「根拠がない」ということは〈根拠(原因)→結果〉という関係が成立しない状態。つまり思いがけないことが起こる状態に通じる。〈思いがけないことがたまたま起こること〉は「偶然」と呼ばれる。だからCは「偶然」が意味として最も近い。

❷ **次の文中の空欄に当てはまる語句を後の［　］から一つずつ選び、記せ。ただし同じものを二度用いてはならない。**

日本人は物質がしかける［A 陥穽］にはまってしまった。換言する（言い換える）ならば物の豊かさが心の豊かさを与えてくれると思ってしまったのだ。だが心の満足を物質的な満足に［B 還元］することはできない。最近、大きな災害を［C 契機］として人々が無償の（見返りを求めない）行為をする姿が見られる。［D 敷衍］するならば、こうした行動は社会貢献という言葉に［E 収斂］していくともいえる。しかしこうした行動が、結局は自己満足にすぎないのではないかとみずからの心のうちを垣間《かいま》見た人は、自分の心のなかにある空虚さを［F 払拭］することができないだろう。それほど現代人の抱える心の空虚さは深いのかもしれない。

契機　払拭　陥穽　収斂　敷衍　還元

❷ **いろんな言葉を使いこなせるようになったら一人前！**

Aは直後の「はまってしまった」とのつながりから〈落とし穴・わな〉という意味の「陥穽《かんせい》」が適切。

Bは、**B**の前にある「だが」で、その前後が逆接関係になることに注目。「だが」の前は「物の豊かさ」＝「心の豊かさ」と思った、という内容。ならば「だが」の後は、「心の満足」と「物質的な満足」を〈同じ〉だと「することはできない」という内容になればよい。すると**B**には〈別のものを同じものと見なすこと〉という意味の「還元」を入れればよい。（この「還元」と問題文2行めの「換言」を使い分けられるように。「換言」はふつう、文の冒頭で〈言い換えれば〉という意味で使う。）

Cは〈きっかけ〉という意味の「契機」が適切。

Dは〈人々の無償の行為〉を〈意味を広げてわかりやすく説明していく〉文脈なので「敷衍《ふえん》」が適切。

Eは〈人々の無償の行為〉を、〈一つにまとめて〉「社会貢献」と呼んでいる文脈だと考えられるので、「収斂《しゅうれん》」が適切。

Fは「心の空虚さ」が「深」く、なかなか取り除けないことを言っている文脈なので、〈きれいに取り除くこと〉という意味の「払拭《ふっしょく》」が◯。

＋α 重要語

「可塑（性）」の関連語　**不可〜**…「〜できない（cannot）」→　**不可欠**…欠かすことができないこと＝必要。「欠」を「決」と書き間違えないように。

不可逆…逆には戻れないこと　**不可避**…避けたり逃れたりすることができないこと

1 評論読解に必要な基本語　実戦演習問題

問題は本冊24・25ページ

解答

◎要旨をチェック！◎

「現実を見なさい」などとよくいわれるが、結局現実とは「その人の行動に影響を与えるもの」という個人的なもの以外にはない。だから現実は人によって違うのであり、唯一の客観的現実なんてものはない。にもかかわらず近代社会は人それぞれの見方や見る角度を些細《ささい》なこととして客観的なものを求め、進歩してきた。しかし人それぞれの見方は決して些細なものではない。

1　空欄 A に入れるのに最も適当な語句を、次のア～エの中から一つ選べ。

ア　具体
イ　相対
ウ　絶対
エ　抽象

答　エ

解説

❶ 空欄補充問題は前後のつながりが一番！

空欄補充問題の手がかりはまず空欄の前後にある。このAの手がかりも直後。「だって、だれもそれを知らないから」とある。ならばAには「だれも」「知らない」という意味とつながる語が入れば文脈が完成するだろう。選択肢のなかでそうした意味に一番近いのは、エ「抽象」だ。「抽象」は〈具体的な個々の物事から、それらに共通する性質や要素を抽《ぬ》き出すこと〉だったが、「抽象」すると、〈現実から離れてわかりづらくなる〉ということは別冊P8・9にも書いた。このことが、「だれも」「知らない」という意味に通じる。ちょっとむずかしいね。

❷ 何回も本文に出てくるから、なんて根拠はダメだよ。

筆者は「 B 映像」なんてあるの？　と疑っていることを理解しよう。それはBの後の文脈からわかる。「二人の人が同一の視点から、同じものを見る」ことが、〈客観的＝誰にとっても変わらないさま〉と近い意味であることを踏まえ、筆者は、この〈一般的には「客観的」といえるようなこと＝「それ」こそが、「不可能」〉といっているのだ。ここから筆者が疑っているのは「映像」が「客観的」だということだとわかる。だから、Bには「客観的」が入ればよい。筆者は人それぞれ違うという主観的な状態を肯定しているからエは×。

2 空欄 B に入れるのに最も適当な語句を、次のア〜エの中から一つ選べ。

ア　客観的
イ　有機的
ウ　無機的
エ　主観的

答　ア

3 傍線部C「特定のカメラマンが特定の角度から、特定の時点で撮影した映像を、客観的映像などと強弁する」とあるが、「特定の角度から、特定の時点で撮影した映像」が「客観的映像」である事態を表現するのに最も適当な語句を、次のア〜エの中から一つ選べ。

ア　逆説的事態
イ　普遍的事態
ウ　本質的事態
エ　一義的事態

答　ア

❸ 最初の実戦演習問題にしては少しムズ。

「特定のカメラマンが特定の角度から、特定の時点で撮影した映像」は、言い換えると〈特別で個人的〉だ。それは、〈主観…自己＝「私」が認識するときの意識。個人的なもの〉または、〈主観的…自分だけの考え方や見方にかたよっているさま〉に近い（こういう言葉のネットワークを広げることがこの本のねらいです）。すると設問は、〈主観的な映像が客観的映像である〉という、ヘンテコリンな「事態」を何と呼ぶか、という設問だとわかる。ここまで来れば、ア「逆説的事態」が正解とわかる。「逆説」には〈相反する事柄が同時に同次元に存在すること≒矛盾〉という意味があった。これが〈主観と客観という相反するものが同時に存在する事態〉と合致する。

❶〜❸の選択肢の他の語句の意味も再確認しておこう。

＋α 重要語

基本の語　**通時的**…事象を時間の流れや変化に沿《そ》って示すさま⇔**共時的**…ある時期の事象を（同時期の事象と結びつけて）示すさま

Step 3

10 頻出テーマ① 私

問題は本冊30・31ページ

解答

❶ 次の文中の傍線部を言い換えた場合、最も適当な語句を後の選択肢から一つ選べ。

少年の頃の自分と、今の自分では肉体を形成する物質や大きさも変化しているが、それでもやはり「同じ自分」である。

ア パラドックス
イ カオス
ウ アイデンティティ
エ メタフィジカル
オ コスモス

ウ

解説

❶ 「アイデンティティ」は評論に大頻出！

「少年」から「今の自分」へと時間が経過し、「肉体」も大きく変わったとしても、〈君〉は自分を〈君〉だと考えることができるだろう。それが〈確かな自分〉＝「アイデンティティ」である。「アイデンティティ」は外部の人間や所属する集団との関係においてもある。自分がその集団や他人と一体感を感じ、そこに自分の居場所を感じとることができれば、それもまた〈確かな自分〉が社会のなかで感じられたことになる。それを〈社会的アイデンティティ〉と呼ぶこともできる。

❷ **次の文中の空欄に入れるのに最も適当な語句を後の［　］から一つずつ選び、記せ。**

〈私〉は［A 肉体］と精神をもち、その精神の内部には［B 意識］と［C 無意識］があると考えられている。また精神において、〈私〉を意識するもう一人の〈私〉とは、［D 自我］のことだと言い換えることができる。（**B**・**C**は逆でもよい）

実存　意識　自我　肉体　無意識

❸ **次のような考え方を何というか、解答欄に記せ。**

人間の精神と肉体とはまったく別個のものとして存在するという考え方

↓

［心身二元論］

---

❷ **「自我」のあり方を確認しよう。**

Aには「精神」と対になるものが入るので、「肉体」が適当である。また「精神」は「意識」と「無意識」に分けることもできるので、**B**と**C**には、「意識」と「無意識」を入れればよい。

さらに〈私〉を認識する意識のことを「自我」というが、それは〈もう一人の私〉が〈私〉を見ているという関係と重なるから、その〈もう一人の私〉は「自我」のことだといえる。よって**D**には「自我」を入れればよい。

❸ **こんなむずかしい言葉も使いこなしてしまおう！**

「人間の精神と肉体とはまったく別個のものとして存在するという考え方」は「**心身二元論**」である。「二元論」というのは、ある事柄を、二つの根本原理によって説明する考え方。

ただし「**心身二元論**（≒**物心二元論**）」自体をたんに「二元論」ということもある。

+α 重要語

「私」に関連する語　**観想**…物事を冷静に見て、本質などを捉《とら》えること

2 私 実戦演習問題

解答

◎要旨をチェック！◎

近代以前では個々人は生まれや慣習などによって自己のあり方が決められていたが、それらが崩れた近代では、〈私〉は自分の手でつくられるものとなり、現代ではそうした自己の確立が不可欠のものとされている。

1 傍線部Ａ「〈私づくり〉」とほぼ同じ内容を問題文から十字以上十五字以内で抜き出して記せ。

答

私	探	し	や	ア	イ	デ	ン	テ	ィ
テ	ィ	の	確	立					

（15字）

2 傍線部Ｂ「近代になると、個人にとっての〈私〉は、生まれつき決められたものから、自分の手でつくりだすものへと変わっていく」とあるが、なぜか。最も適当なものを、次のア～オの中から一つ選べ。

解説

問題は本冊32・33ページ

❶ 抜き出し問題は傍線部やその前後と同内容の箇所を探せ。

傍線部Ａ「〈私づくり〉」という表現は、傍線部のある第2段落の最後にもある。そしてその前に「つまり」という言い換えの接続語がある。すなわち第2段落の最後の二つの文は言い換え関係にある。すると傍線部Ａ「〈私づくり〉」と対応するのはどの語句だろう？　そう「（自らの）アイデンティティをつくりだすこと」だ。これは「つくり」という表現が同じであることからもわかるだろう。では「〈私づくり〉」と「ほぼ同じ内容」になる答えはこれでいいのだろうか。しかし「（自らの）アイデンティティをつくりだすこと」は十六字で、「十字以上十五字以内」という設問条件に当てはまらない。「つくりだす」で切るのは、名詞句である傍線部と形が対応しない。でもここでくじけない！　同じ内容で「十字以上十五字以内」の語句を他の部分に探そう。すると第1段落冒頭に「私探しやアイデンティティの確立」という十五字の語句が見つかる。これが正解。ちなみに解答の「私探しや」という部分を、傍線部の内容とズレると考えて外し、「アイデンティティの確立」のみを解答としたものもＯＫ。ちょっとむずかしかったね。

❷ 近代以前の社会と近代社会の違いを読み取ろう。

近代以前の「〈私〉」…「生まれやしきたり、世襲《せしゅう》などの伝統的な制度や規範（＝きまり）、慣習（＝ならわし）に縛《しば》られて」「規定されてい

ア　近代になって自由になった個人は、自分のイメージをその時々の社会に合わせる形でつくらなければならなくなったから。

イ　近代になって個人が〈私〉のあり方を自分で決めなければならなくなり、〈私〉は自らの力によって形成するものに変化したから。

ウ　近代になって個人のあり方が不安定になったために、流動的な社会のなかでの自己のあり方にも流動性をもたせる必要に迫られたから。

エ　近代になって苛酷《かこく》な競争社会になったために、人びとはそうした社会に流されない確かな自分をつくらなければならなくなったから。

オ　近代になって個人のあり方が流動的になり、それゆえ自分が何者であるかを社会に対して自分で証明し、表現していかなければならなくなったから。

答　オ

た（＝決められていた）」（第2段落）。だから、近代以前の社会に生きていた人びとの「〈私〉」は、それらによってつくられていた。よって「そのような社会では、自分のことを証明する必要はない」（第1段落）。

⬅

「近代化とともに**個々人のあり方の流動性**」（第1段落）が高まる〈＝生まれやしきたりという制約から解放され自由になった〉。だがその分自分を自分で〈私はこういう人間だ〉と「**証明**」（第1段落）し「**表現**」（第3段落）しなければならなくなった。

それゆえ「近代になると～〈私〉は～自分の手でつくりだすものへと変わっていく」のである。このプロセスをきちんと書いているオが○。

〈選択肢チェック〉

ア…「自分のイメージをその時々の社会に合わせる形でつくらなければならなくなった」が問題文にナシ。

イ…間違えやすい。一見正解のようだが、傍線部後半を言い換えただけ（ex「つくりだす」⬇「形成する」、「変わっていく」⬇「変化」）で、**理由になってない**。たとえば「お腹すいた」⬇何で？　⬇「お腹すいたから」と繰り返しているのと同じ。

ウ…「自己のあり方にも流動性をもたせる必要に迫られた」が×。近代になって自然に「流動性が高まっ」たのであり、「必要に迫られた」のではない。また、これではつくられる〈私〉も不安定なものになってしまうから、〈私〉をつくる意味がない。

エ…「苛酷な競争社会になった」が問題文にナシ。

＋α 重要語

「私」に関連する語　**克己《こっき》**…自分の欲望などにうちかつこと（ex：克己心）

11 頻出テーマ②人の心(1)

解答

❶ 次の語句と同じ意味のカタカナ語を記せ。

A 虚無主義 → ニヒリズム

B 激情 → パトス(パッション)

C 厭世《えんせい》(観) → ペシミズム

❷ 次の状態を表す語句をカタカナで記せ。

私はある人に恋をしていた。だがその人は、いつまで経《た》っても私のその気持ちに気づいてはくれなかった。私の心のなかには、いつしかその人への愛と同時に、憎しみが存在していた。

アンビヴァレンス

解説

問題は本冊36・37ページ

❶ 日本語とカタカナ語とをペアで覚えよう。

A「虚無主義」は〈生きることが無意味だと考えること〉で「ニヒリズム」が正解。

B「激情」は字の通り激しい感情で、「パトス(パッション)」。

C「厭世(観)」は〈世間や生きることを嫌だと思うこと〉で「ペシミズム」が正解だ。

❷ おお、サスペンス劇場!

ちょっとストーカーみたいで恐いけど、この文章の「私」(この「私」は、〈梅澤〉ではありません)は、ある人を愛しながら憎んでいる。するとこれは、〈同じものに対して、(好きと嫌いというような)相反する感情を抱くこと〉と同じだから、「アンビヴァレンス」が正解。

「**ディレンマ(ジレンマ)**」を解答にした人もいるかもしれないが、「**ディレンマ(ジレンマ)**」は、〈相反する二つのことの**板ばさみ**になってどちらとも決めかねる、抜き差しならない状態〉だ。この文章は〈感情〉の問題だし、〈**板ばさみ**になってどちらとも決めかねる〉という状態ではないので、「**アンビヴァレンス**」が○。

❸ 次の各文の傍線部を、適当な語句（漢字二字）で言い換えて記せ。ただしCについては二つ記せ。

A サッカーをしていた私にとって、彼はあこがれの人だった。

B 友達の秘密を知ったとき、心のなかで、誰かに話したいという気持ちと話してはいけないという二つの気持ちのぶつかりあいが生じた。

C 彼の自慢話には、いい加減困惑した。

D 昔見たことがあるような風景を見て、何かなつかしさを感じた。

A 憧憬

B 葛藤

C 辟易・閉口（順序は逆でもよい）

D 郷愁

❸ 同義語をしっかり頭に貯めこもう！

A「あこがれ」は「憧憬《しょうけい》」だった。

B「二つの気持ちのぶつかりあい」は「葛藤《かっとう》」が適切。〈**葛藤が生じる**〉という言い方もよくする。「漢字二字」という条件だから、この設問では「**葛藤**」でOK。

C「困惑」は〈困ること〉だから、「辟易《へきえき》」と「閉口《へいこう》」。

D「なつかしさ」は「郷愁《きょうしゅう》」。「**ノスタルジー（ノスタルジア）**」もよく出てくるから、覚えておこう。〈なつかしむこと〉という意味の言葉としては〈懐古〉などもある。

＋α 重要語

「人の心」に関連する語

虚心…心にわだかまりや偏見がなく、素直なこと

シンパシー…共感

同調圧力…集団の多数派や雰囲気に合わせさせようとする、暗黙の働きかけや力のこと

12 頻出テーマ②人の心(2)

解答

❶ 次のような状態を表す語句を、漢字二字で記せ。

A あまり考えず、「彼はワルだから、今回の犯人も彼だ!」などというさま

↓ 短絡 的

B 一瞬の快楽に身をゆだねるさま

↓ 刹那 的

C 物事の価値を信じないさま

↓ 懐疑 的

D 勝手気ままなさま

↓ 恣意 的

解説

問題は本冊38・39ページ

❶ 「〜的」を空欄に入れさせる設問は入試で頻出!

A 「あまり考えず、『彼はワルだから、今回の犯人も彼だ!』などという」のは、〈物事や考え方の筋道を無視して安易に事柄同士(この場合でいえば、「彼」と「犯罪(犯人)」)を結びつけている〉からだ。なのでこれは「短絡的」といえる。

B 「一瞬の快楽に身をゆだねる」ことと〈その瞬間の快楽を求める〉さま=「刹那《せつな》的」は同じことだと考えられる。

C 「物事の価値を信じない」ということは〈疑っている〉ということだから、Cは「懐疑《かいぎ》的**(=物事の価値などについて疑いを抱くさま)**」でOK。

D 「勝手気ままなさま」は「恣意《しい》的」。「恣意」は「恣意的」という形でよく使われる。

❷次の感情や状態を表す語句を漢字二字で記せ。

A はじらい

↓ 羞恥

B 心配で心が沈みがちな状態

↓ 憂愁

C 陶酔《とうすい》するさま

↓ 恍惚

D 心の内に溜《た》まった感情を吐《は》き出すこと

↓ 浄化

---

❷さまざまな感情を表す語句をできるだけたくさん覚えよう。そうすれば自分の心を語ることもできるようになる。

A 「はじらい」は「羞恥《しゅうち》」。「**恥辱**」＝〈はずかしめ〉・「**廉恥**《れんち》」＝〈清らかな心をもち、恥を感じること〉など、類語も覚えよう。

B 「〈心配〉で〈心が沈みがち〉な状態」は「憂愁《ゆうしゅう》」。「憂愁」にも「哀愁」＝〈もの悲しいこと〉などの類語がある。

C 「陶酔」は〈うっとりするさま〉。よってそれは「恍惚《こうこつ》」。「感」をつけて「恍惚感」というときも多い。

D 「心の内に溜まった感情を吐き出すこと」は〈心のなかのしこり（＝こり固まったり、こんがらがった感情）を外に発散させること〉とほぼイコールなので「カタルシス」。だが設問条件は「漢字二字」なので、「浄化」が正解。「浄化」は、抑えこまれていた感情を吐き出させ、精神的な病を治すという精神療法のことも指す。

＋α 重要語

「人の心」に関連する語

志向…心が一定の目標に向かって動くこと

偏執…かたよった見方にこだわり、他人のいうことを受け付けないこと

3 人の心　実戦演習問題

問題は本冊40・41ページ

解答

◎要旨をチェック！◎

世界の先進国民国家は、ボーダーレス化の進展にともない、自国の経済を保つためにはそのような傾向に積極的に関わるほかないが、それによってみずからの主権国家としての基盤が崩れるというディレンマを抱えている。実際欧州の国々はそうした傾向の危険性を意識している。だが日本ではボーダーレス化が自分たちの国家の枠組みを脅《おびや》かしているという意識さえ稀薄《きはく》である。

1 **傍線部A「ディレンマに直面しようとしている」とあるが、日本が今まさに「直面」する「ディレンマ」について述べた一文を本文中から抜き出し、その最初の五字を記せ。**

答

日	本	も	ま	た

解説

❶ 抜き出し問題は設問文の条件をしっかり読もう！

設問文に「日本が」とあるのにまず注意。「日本」について書かれている箇所に着目する。ただし、たんに「日本」という語があるから「ハイ、答え」、じゃなくて、内容をしっかり確認しよう。まず傍線部の「ディレンマ」の内容は傍線部の直後に書かれている。「自国の経済の活力を保つためにはボーダーレス化の傾向に積極的に関わるほかはないが、ボーダーレス化に身をまかせれば、みずからの主権国家としての基盤が掘り崩される」という部分である。なぜこれが「**ディレンマ**」の内容だといえるか。「**ディレンマ**（**ジレンマ**）」は、〈相反する二つのことの**板ばさみ**になってどちらとも決めかねる、抜き差しならない状態〉であった。そして傍線部直後の「ボーダーレス化」の傾向に加わらないといけないが、加わると自国を死に追いやる、という内容は、まさに相反する二つのことの**板ばさみ**状態だからだ。

そしてこの部分とイコールの内容で、なおかつ「日本」について述べられている部分が最終段落の「日本もまた〜ボーダーレス化の流れのなかに船を漕《こ》ぎ出さざるをえないが、それは、まさしく日本という国家が奔流《ほんりゅう》（＝激しい流れ）のなかに飲み込まれる危険をはらむ」という部分だ。㊟に書かれた「ボーダーレス化」の意味も覚えておこう。

2 **空欄 B には同じ語句が入る。最も適当な語句を次のア～オから一つ選べ。**

ア 穏健
イ 中立
ウ 理想
エ 懐疑
オ 革新

答 エ

❷「派」と「論」の両方にきちんと結びつく語を選ぼう。

最初の**B**は「派」につながると同時に、「欧州統合」に反対し、「欧州統合」の「推進派」と「深刻」に「対立」している「派」が入る。ア「穏健」は〈おだやかなさま〉だから、「穏健」派は「推進派」との「深刻な対立」を生じさせない。イ「中立」派も「推進派」との「深刻な対立」は生じない。よってア・イは×。

また「欧州統合」のほうが国家の枠組みを超えるという意味で未来の「理想」に近いので、「欧州統合」に反対する「派」が「理想派」だというのは根拠がない。よってウ「理想」は断定できないから△。エ「懐疑」派は「欧州統合」を、文字通り「疑」っているのだから「推進派」と「対立」するはずだ。オ「革新」は〈新しくすること〉。新しいのは「欧州統合」への参加のほうだから「推進派」と同じになり、「推進派」との「深刻な対立」が生じるというのはおかしい。オは×。

では二つめの**B**を考えてみよう。ウを入れ「理想論」とした場合、二つめの**B**の後の内容とつなぐと、「通貨統合」をしないことが「理想」だということになる。だが、「通貨」は「統合」したほうがいちいち両替など要《い》らないから「理想」、と考えるほうが妥当だとも考えられるのでおかしい。それに対して「欧州の通貨統合にかんしても～〈懐疑論〉が根強く残っている」というなら、〈通貨統合していいのか？〉と疑問を投げかけるという意味になり、二つめの**B**の後の「国民の多くがまだまだ承服できないのである」という部分とのスムーズな文脈が作られる。よって正解はエである。

＋α 重要語

「人の心」に関連する語

ルサンチマン…〈強者に対し弱者の〉心に溜《た》まっている憎悪や恨み

13 頻出テーマ③世の中（社会）(1)

解答

❶ **次の語と同じ意味を表す語句を漢字で記せ（字数条件については解答欄参照）。**

A ナショナリズム → 民族主義 （国粋主義などでもよい）

B マジョリティ → 多数派 （多数者でもよい）

C マイノリティ → 少数派 （少数者でもよい）

❷ **次の文の傍線部の状態を何というか。四字の語句で記せ。**

資本主義社会のなかでは、厳しい労働によって、主体としての自らのあり方を失うことがある。

自己疎外

解説

問題は本冊44・45ページ

❶ **カタカナ語もしっかり覚えてグローバル化についていこう！**

A「ナショナリズム」は日本語では民族主義、あるいは国粋主義。「ネーション」が〈国家・民族〉という意味をもつことは英語でも習うでしょう。〈自分たち国民や同じ民族の発展を推し進めようとする考え方〉である「ナショナリズム」が他を排除する排他性に向かうと問題だ、ということは覚えておこう。

B「マジョリティ」と**C**「マイノリティ」とはペアで覚える。現代では、「マイノリティ」を守ろうという運動の高まりが見られる。

❷ **「自己疎外」という言葉は、資本主義を批判するときに使われることが多い。**

マルクスという思想家は、この問題文でいうように、資本主義体制のもとでは人間（とくに労働者）が、その社会の政治や経済、労働などによって、自分（＝「主体」）としてのあり方を見失ってしまったり、抑えこまれてしまったりすると考えた。そしてその状態を「自己疎外」（たんに「疎外」ともいう）と呼んだ。この設問では字数条件が「四字」。だから正解は「自己疎外」。

❸ 次の文中の空欄に入る語句を後の［　］から一つずつ選び、記せ(同じ記号の空欄には同じ語が入る)。

近代においては、［A 民族］を基盤にした［B 国民国家］のなかで、それぞれの個人が［C 市民］として生きる社会が思い描かれた。しかしそうした国家や社会のあり方を否定する事態が現代世界には数多く見受けられる。そうした流れの一つが［D グローバリゼーション］だといえる。しかしそうした流れに反発して、自民族の固有性をアピールしようとする［E ナショナリズム］も活発になる。つまり［D グローバリゼーション］と［E ナショナリズム］は、正反対のものでありながら、一対のものでもあるのである。

［グローバリゼーション　市民　民族　国民国家　ナショナリズム］

---

❸ 近代から現代への移り変わりにご用心!

問題文の第1文は「近代」の話だし、第2文には「そうした国家や社会」とあるので、第1文では「近代」の「国家」の話がされなければならない。「近代」の「国家」といえば、同じ「民族」によってつくられる「国民国家」だから、**A**には「民族」を、**B**には「国民国家」を入れればよい。また**C**は「近代」の「社会」だから「個人が『市民』として生きる社会」となる。

Dは近代の国家や社会のあり方を否定する事態を指すが、「グローバリゼーション」は〈国家の枠を超えて、世界規模でモノや人間、金銭が動く現象〉という意味だから、近代国家のあり方を否定する傾向だ。よって**D**に適切。**E**には「自民族の固有性をアピールしようとする」ことが入るから、〈自分たち国民や同じ民族の発展を推し進めようとする考え方〉という意味の「ナショナリズム」が適切。「グローバリゼーション」が進むと「ナショナリズム」が現れるということの問題文の内容は、よくいわれることだから覚えておこう。

＋α 重要語

「世の中(社会)」に関連する語　**必要悪**…決してよいとはいえないが、やむをえない事情から存在しているもの(ex：競争)

Step 3

14 頻出テーマ③世の中（社会）（2）

解答

問題は本冊46・47ページ

❶ 次の語句と同じ意味のカタカナ語を記せ。

A 媒体 → メディア

B 仮想現実 → ヴァーチャル・リアリティ

C 読み書き能力 → リテラシー

解説

❶ 今度は日本語をカタカナ語に直す問題。

A「媒体」は〈仲立ちするもの〉だから、「メディア」が正解。

B「仮想現実」は〈本物ではないかもしれないが本当のような現実〈をつくる技術〉〉で「ヴァーチャル・リアリティ」が正解。まんなかの「・」はなくてもＯＫだし、「バーチャル」と書いてもＯＫ。

C「読み書き能力」のことを、最近は「リテラシー」と呼ぶことが多い。「リテラシー」の意味をもっと正確にいうと、〈表現されたものを適切に理解・解釈し、それを表現すること〉。インターネットなどのメディアには本当かウソかわからない情報も多いので、後者の意味での「リテラシー」が求められる。そうした「リテラシー」は〈メディア・リテラシー〉という。

❷ 次の文章は「情報化社会」と「消費社会」のどちらについて述べたものか。解答欄に記せ。

A 高級品を身につけていることが、〈自分は経済的に豊かだ〉という記号として作用する社会。

↓ 消費社会

B みんなが見ている番組を見ていないことや、誰もが知っている知識を自分だけ知らないことが、とても不安に思える社会。

↓ 情報化社会

---

❷ 少しムズ。「記号」の意味を思い出せたらナイス！

A「高級品」が「〈自分は経済的に豊かだ〉という記号（＝意味を表すもの）として作用する」のは、みんながモノで自分らしさをアピールしようとしている社会だからだと考えられる。するとそれは本冊P47の「ヒトコト解説」に書いてあるように「消費社会」の特徴。だから**A**は「消費社会」。

B「みんなが見ている番組を見ていない」と〈情報が不足する〉。「誰もが知っている知識を自分だけ知らない」のは〈オバカさん〉。そう思うのは、情報が価値として考えられ、それを吸収しないといけないと思わせる「情報化社会」だからだ。「情報化社会」がこんな「不安」を引き起こすことも知っておこう。

＋α 重要語

「世の中（社会）」に関連する語

過渡期…世の中や時代が移り変わっていく時期

15 頻出テーマ③世の中（社会）(3)

問題は本冊48・49ページ

解答

❶ 次の文中の空欄に入れるのに最も適当な語句（漢字二字）を記せ（同じ記号の空欄には同じ語が入る）。

近代文明は、［A 科学］技術によって、［B 自然］を支配し、人間のものであるかのように利用してきた。しかしそれが人間自身の生存を危うくすることにようやく気づいた現代は、［C 未来］世代に対する責任として、〈人間と［B 自然］との［D 共生］〉をスローガンに掲げる、エコロジーが唱《とな》えられる時代である。

解説

❶ **近代文明は自然破壊をもたらした。**

Aは「近代文明」に関係があるし、直後に「技術」とあるから、「科学」を入れる。

Bは人間が「支配」したもの。近代という時代に人間が科学によって「自然」を支配したことは本冊のP26・27の図表のなかにも書いてあるね。「環境」も惜しいけど、「環境を支配した」とか「環境支配」とはあまり言わないので、「自然」のほうが適切。**C**は「エコロジー」を説明するときに、よく「未来世代に対する責任」ということがいわれる。直後に「世代」とあるし、「未来」を入れよう。

「エコロジー」の「スローガン」は〈人間と自然との共生〉だった。だから**D**には「共生」か、それと同じ意味をもつ言葉「共存」などを入れる。

❷ 次の文中の傍線部A・Bのカタカナを漢字で記せ。ただし同じ漢字を二度書いてはならない。またC・Dに入る語句を後の［　］から一つずつ選び、記せ。

現代社会では、多数派と異なる部分をもつ人間をAソガイする排他的な傾向が目立つ。だがそうした人々が自分なりの生き方を見つけようとして努力しているとき、そうした努力をBソガイするような行動は許されてはならない。そう考えると、［C］や［D］という考え方は大切である。（C・Dは逆でもよい）

ジェンダー　ダイバーシティ
ノーマライゼーション　エコロジー

A　疎外
B　阻害
C　ダイバーシティ
D　ノーマライゼーション

❷ 二つの「ソガイ」の意味を理解し、書き分けよう。

Aは、「多数派と異なる部分をもつ人間」に対して「排他的（＝他を排除する様）な傾向」を示すのだから、〈排除すること〉という意味の「疎外」が適当。

Bは排除されがちな人々のけなげな「努力」を、他人が〈ジャマする〉ことは「許されてはならない」という文脈にするか、けなげな「努力」を、他人が〈ハイジョする〉ことは「許されてはならない」という文脈にするか、少し迷うが、Aのほうで「疎外」を書いたし、「排他的」につながるAの文脈では「阻害」より「疎外」のほうがふさわしい。また「同じ漢字を二度書いてはならない」という設問条件がある。なのでBは「阻害」と書き、けなげな「努力」を、他人が〈ジャマする〉ことは「許されてはならない」という文脈にする。

またC・Dの空欄の前では、人間社会において多数派が自分たちと異なる部分をもつ人々（少数派）を排除することが取り上げられ、それを批判している。すると少数派をも尊重しようということに関連する「ダイバーシティ」と「ノーマライゼーション」が解答となる。

「エコロジー」は動植物のことまで含むので空欄の前の部分の内容とつながらない。「ジェンダー」は、二つの正解の語句よりも、多数派・少数派ということとの関係が弱い。

＋α 重要語
「世の中（社会）」に関連する語　ヒエラルキー…人間や物事の序列、順番

4 世の中（社会）　実戦演習問題

解答

問題は本冊50・51ページ

◎要旨をチェック！◎

・世界（の労働市場）のグローバル化

↓

・外国人などに仕事を奪われた国内の人びとが彼らを排除しようとする＝「ナショナリズムのヒステリー化」

↓

・それを抑えるには、〈国民〉を守るという「ナショナリズム」の「命法（＝原則）」を適用するしかない

＝

★ナショナリズムを抑えるにはナショナリズムしかない⁉

❶ 空欄 A に入れるのに最も適当な語句を次のア～オの中から一つ選べ。

ア　資本主義
イ　個人主義
ウ　合理主義
エ　排外主義
オ　人間主義

解説

❶「ナショナリズム」と結びつく可能性があるのは？

Aには、**A**の前後の文脈から、「格差」や「排除」と連動して活発になった「ナショナリズム」が、「向か」う先にあるものが入る。また第2段落冒頭で「そうしたナショナリズムの**ヒステリー化**（＝感情を抑えられず、すぐカッとなること）を防ぐ」ことと「格差」の「緩和」とが結びつけられている。これからわかることは「格差」などと結びついた「ナショナリズム」は「ヒステリー化」する、ということだ。すると「ナショナリズム」の先には「ヒステリー化」があることがわかる（第2段落冒頭の「そうしたナショナリズムのヒステリー化」という指示語も第1段落の**A**を含む一文の内容を受けている）。なので**A**には「ヒステリー化」と対応する語句がふさわしい。「ナショナリズム」は「排除」＝エ「排外主義＝外部の人間（外国人やマイノリティなど）を排除しようとする考え方」と結びつきやすいし、「排外主義」は〈感情〉的なものでもある。よって**A**にはエを入れればよい。そうすれば問題文冒頭の「排除」とも対応する。他の選択肢は、「ヒステリー化」とつながる感情的要素が、エより稀薄《きはく》である。

答

エ

2

空欄［B］には、「ナショナリズム」あるいは「グローバル化」のどちらかが入る。二つのうち、適当なほうの語句を記せ。ただし空欄［B］は二箇所あり、同じ語句が入る。

答

ナショナリズム

❷〈問題文の要旨〉をもう一度確認しよう。

一つめのBは少しむずかしいので、二つめのBから考えよう。二つめのBの直前はBとイコール関係を表す「という」でつながっている。そこには「国家が国内の労働市場を他から区別し保全することで国民生活に責任を持つべきだ」とある。これは守る対象を〈国民〉に限定せよ、という考え方だから、明らかに「ナショナリズム」である。

また、二つめのBの部分は「国内の格差や社会的排除を緩和する」ための方法を述べている箇所である。実は一つめのBの部分も、前段落の内容を受けて、「格差」や「社会的排除」を抑えることは、「Bをつうじて」やっていくしかないと述べている箇所である。なぜなら一つめのBの前の「それ」という指示語は、直前の「格差問題」を「緩和」し、「社会的排除」を少なくすることを受けているからである。すなわちこの二ヵ所は、同様のことを述べている部分なのである。

つまり筆者はグローバル化に反発する形でもたらされるナショナリズムのマイナス面はナショナリズムで抑えるしかない、と考えている。ナショナリズムには危ない面もあるが、それを抑えることもまたナショナリズムでしかできない、と考えているのだ。この文章に関しては、この点が理解できればナイス。

＋α 重要語

「世の中（社会）」に関連する語　デフォルト…①（経済用語として）借金を返さないことなど（＝債務不履行）　②ＩＴの世界や一般の社会で、もともとの状態・基本

16 頻出テーマ④政治・経済(1)

解答

❶ 次のようなあり方や考え方を何と呼ぶか。「○○主義」という形で答えよ。

A 人々の団結を訴え、自由を制限しながら、過激で排外的なナショナリズムを示す政治的なあり方

↓

全体　主義

B 共産主義を目指す過程であり、経済的な平等を第一とする考え方

↓

社会　主義

C 軍事面、経済面において他国を支配下に収め、国家を拡張しようとするあり方

↓

帝国　主義

解説

問題は本冊54・55ページ

❶ 「○○主義」という言葉もいっぱい覚えよう！

Aの「人々の団結を訴え、自由を制限しながら、過激で排外的なナショナリズムを示す政治的なあり方」は「全体主義」である。「ファシズム」とも呼ばれ、第二次世界大戦中のナチス・ドイツやイタリアなどに見られた。戦争中の日本が「ファシズム」国家だったという見方もある。

Bの「共産主義を目指す過程であり、経済的な平等を第一とする考え方」は、共産主義の前段階で〈貧富の格差をなくそう〉とする考え方だから「社会主義」だ。「共産主義」は「**社会主義**」がより進化した状態を指すと覚えておこう。

Cの「軍事面、経済面において他国を支配下に収め、国家を拡張しようとするあり方」は「帝国主義」。国家の「拡張」とは、他の国や地域を侵略して植民地にしてしまうことにつながるので、「植民地帝国主義」という言い方もよくする。

+α 重要語

「政治」に関連する語　**地政学**…国家の政治や軍事・外交などを、地理的な見方を通して研究する学問（ex：沖縄の地理的な位置と軍事的な重要性との関係を考えること）

❷ 次の文中の空欄に入れるのに最も適当な語句を、後の［　］から一つずつ選び、記せ（同じ記号の空欄には同じ語が入る）。

［A 社会主義］は、資本主義が生み出す、［B プロレタリアート］とブルジョアジーとの間の貧富の格差を解消しようとして生まれた。そして旧ソ連などがそうした考え方を掲げ国家をつくりあげたが、資本主義に基づく［C 自由主義］国家と敵対することになり、それによって［D 冷戦］といわれる時代が続いた。だが90年代初頭、ソビエト連邦の崩壊によって、［D 冷戦］に一つの終止符が打たれた。

自由主義　冷戦　オリエンタリズム　社会主義
プロレタリアート

---

❷ 意外と「冷戦」とか知らないけど、しっかり覚えておこう。

Aは、「貧富の格差を解消しようとし」たのだから、❶の**B**でも確認したように、経済的な平等を目指す「社会主義」が適当。

Bは「ブルジョアジー（＝資本家階級）」と対になる言葉だから、「プロレタリアート」を入れる。

「旧ソ連」は問題文の内容から、「社会主義」国家だとわかる。するとその国と「敵対」する**C**の国家は「資本主義に基づく『自由主義』国家」である。

そうした「社会主義」国と「自由主義」国との、対立関係は第二次世界大戦後から90年代初頭まで続いた。それを「冷戦」といった。だから**D**には「冷戦」が入る。「冷戦」という意味は、直接戦う〈ほんとの戦争〉にまでは発展しなかったが、ギリギリのにらみ合いをしているのが冷た～い感じがするから。人間関係でもありそうだね。「cold war」…。

Step 3

17 頻出テーマ④政治・経済(2)

解答

❶ **次の文中の空欄に入れるのに最も適当な語句を記せ（同じ記号の空欄には同じ語句が入る）。**

資本主義のシステムでは、〈差異＝違い〉を生み出せるかどうかが大きな要素となる。そして資本主義は古くから見られ、ある地域で安く仕入れた品物を、違う場所で高く売るという形で、空間の差異を利潤に変える資本主義を［ **A** ］という。

またその後、労働者を低賃金で雇用し、彼らの生産した商品を売ることによって利益をあげる［ **B** ］の時代が訪れる。

だが現代では、安価な労働力を手に入れることが困難になり、［ **B** ］ではなく、情報や技術革新によって利益をあげる［ **C** ］が中心となっている。

A ［商業資本主義］

解説

問題は本冊56・57ページ

❶ **「資本主義」の三段階を押さえよう。**

資本主義の三つの段階を確認しよう。

①**商業資本主義**…安く仕入れた品物を、違う場所で高く売る→空間の差異を利用する

②**産業資本主義**…労働者を安く雇い、商品を生産させ、それを商品として売り、利益をあげる→労働力と価格との差異をつくる

③**ポスト産業資本主義**…情報や技術革新によって利益をあげる→他の企業との差異をつくる＝現代の資本主義

すると**A**は「ある地域で安く仕入れた品物を、違う場所で高く売るという形」なので「商業資本主義」。

Bは「労働者を低賃金で雇用し、彼らの生産した商品を売ることによって利益をあげる」ので「産業資本主義」。

Cは「現代」の資本主義であり、「情報や技術革新によって利益をあげる」資本主義だから、「ポスト産業資本主義」が○。

B　産業資本主義

C　ポスト産業資本主義

❷ **次の文中の空欄に入れるのに最も適当な語句を、後の［　］から一つずつ選び、記せ（同じ記号の空欄には同じ語句が入る）。**

民主主義は、［ A ］を経て欧米を中心に広がり、現代社会に定着しつつある。そこでは自由や［ B ］といった価値観が提唱されるが、［ C ］の原理は結局［ D ］に不利に働くため、根源的な［ B ］の実現は困難であるともいえる。

［平等　多数決　市民革命　プロレタリアート　少数派］

A　市民革命

B　平等

C　多数決

D　少数派

❷ **「民主主義」が決して万能ではないことを確認しよう。**

民主主義は「市民革命」を経て欧米を中心に広がった。よって**A**には「市民革命」が入る。また「民主主義」のテーマは「人権」、「自由」、「平等」などである。よって**B**には「平等」が○。

だが「民主主義」の「原理」は「多数決」である。**C**の直後にも「原理」とあるので、**C**には「民主主義」の「原理」が入ればよいから「多数決」が正解。でも「多数決」では多数派の意見が通る。少数派の尊重ということはよくいわれるが、現実には少数派の意見はなかなか反映されない。つまり「多数決」による「民主主義」は「少数派」に「不利」に働く。よって**D**には「少数派」が入ればよい。

+α 重要語　「政治」に関連する語

アナーキー…社会的な秩序が失われている状態。無秩序。

アナーキズム＝政府や国家権力などすべての政治的権力を否定し、個人の自由を絶対化する思想。無政府主義。

問題は本冊58・59ページ

◎要旨をチェック！◎

ヴェニスの商人に体現されている商業資本主義とは、地理的に離れたふたつの国のあいだの価格の差異を通じて利潤を生み出す方法である。しかし経済学者であるアダム・スミスは著書『国富論』のなかで、そうした商業資本的活動ではなく、産業資本主義のもとで労働する「人間」こそ国の富の創造者だと述べた。

1 傍線部A「経済学という学問は、まさに、このヴェニスの商人を抹殺することから出発した」とあるが、どういうことか。その説明として最も適当なものを、次のア～オの中から一つ選べ。

ア　経済学という学問は、差異を用いて莫大な利潤を得る仕組みを暴き、×そうした利潤追求の不当性を糾弾（＝非難すること）することから始まったということ。

イ　経済学という学問は、差異を用いて利潤を生み出す×資本主義の方法を根本から排除し、重商主義に挑戦することから始まったということ。

ウ　経済学という学問は、価格の差異が利潤をもたらすという

解説

❶「どういうことか」という設問は傍線部を言い換える！

まず傍線部の「経済学という学問」とは問題文のなかでどのように説明されているか、を考えよう。最終段落で「アダム・スミスの言葉」と考え方を「経済学における『人間主義宣言』」であり、これ以後、経済学は～ことになった」と説明しているので、「経済学という学問」が「出発」したのは「アダム・スミス」の学問からだとわかる。

また傍線部の「ヴェニスの商人」については、第1段落で「ヴェニスの商人」が「**商業資本主義**の体現（＝具体的な形で現すこと）者」といわれているので、「ヴェニスの商人」＝「**商業資本主義**」と言い換えることができる。

すると傍線部は、〈アダム・スミスは**商業資本主義**を殺した〉という意味になる。ではどうしてスミスは〈**商業資本主義**を殺した〉ことになるのか。最終段落に答えがある。「スミスは～富の真の創造者を～商業資本的活動にではなく～労働する人間に見いだした」からだ。すると正解はこの部分と対応するウとなる。

ア・エ・オは後半が問題文に書かれていない。イは「資本主義の方法を根本から排除」が×。「**産業資本主義**」は認めている。

認識を退け、人間の労働を富の創出の中心に位置づけることから始まったということ。

エ　経済学という学問は、労働する個人が富を得ることを否定し、国家の富を増大させる行為を推進することから始まったということ。

オ　経済学という学問は、地域間の価格差を利用して利潤を得る行為を批判し、労働者の人権を擁護することから始まったということ。

答　ウ

2　空欄 B に入れるのに最も適当な六字の語句を記せ。

答　産業資本主義

❷もう一度「資本主義」の三タイプを思い出そう！

「資本主義」が以下のように、三つの段階に分けられるものだったことを覚えているかな。

①**商業資本主義**…安く仕入れた品物を、違う場所で高く売る→空間の差異を利用する

②**産業資本主義**…労働者を安く雇い、商品を生産させ、それを商品として売り、利益をあげる→労働力と価格との差異をつくる

③**ポスト産業資本主義**…情報や技術革新によって利益をあげる→他の企業との差異をつくる＝現代の資本主義

このうち**B**の直後に書かれている「汗水たらして労働する人間」が「富の真の創造者」だという考え方は右の②に当たる。なので正解は「産業資本主義」。「資本主義経済」という答えは、「労働する人間」に限定できないので、**B**の直後とつながらず×。

そして僕は本冊P56に、資本主義では、〈差異＝違い〉を生み出せるかがポイント、と書いたが、「アダム・スミスは差異で稼ぐ商業資本主義を否定しているやないかい⁉」と思った人もいるかもしれない。大丈夫、筆者である岩井先生もこの問題文の文章の最後で、「差異」に基づく「ヴェニスの商人」の「資本主義」こそが「**普遍的**（＝どこでも誰にでも、すべてのものに当てはまるさま）」だっていってます。詳しくはこの文章が出題されたセンター試験の文章をご覧ください。それに、アダム・スミスのいう産業資本主義も、右の②にあるように〈差異〉によって利益を生み出します。

＋α重要語　「政治」に関連する語

レイシズム…人種差別。人種差別的な考え方。

ヘイトスピーチ…特定の人種・民族・性などに対する、憎悪を込めた言動

18 頻出テーマ⑤カルチャー（文化）

問題は本冊62・63ページ

解答

❶ 次の文中の空欄に入れるのに最も適当な語句を後の［　］から一つずつ選び、記せ（同じ記号の空欄には同じ語が入る）。

近代以降、［A］主義が世界を覆《おお》い、西洋文明を採《と》り入れない地域は［B］と呼ばれ、蔑《さげす》まれた。

こうした［A］主義は［C］主義の一種だといえる。だが、そうした［B］と呼ばれた地域の文化にも価値があるという［D］主義が広まり、世界の多様な文化が認められつつある。この［D］主義と類似した考え方に、一つの国や社会の内にある多様な文化を認めようとする［E］主義がある。

文化相対　未開　自文化中心
多文化　西洋中心

A ［西洋中心］

B ［未開］

解説

❶ **似たような「○○主義」をきちんと区別しよう。**

Aは「近代以降」、「世界を覆」った考え方だから、選択肢のなかでは、「西洋中心」主義が適切。直後に「西洋文明」とあることもヒントになる。そして**西洋中心主義**を採り入れない地域は**B**「未開」と呼ばれた（本冊P7参照）。

こうした「**西洋中心主義**」は〈自分たちの文化こそもっともすぐれたものだという考え方〉の「一種」だから「自文化中心」主義＝**C**といえる。

そして、「**未開**」地域の文化にも価値があると考え、「世界の多様な文化」を「認め」るのは「文化相対」主義＝**D**。**文化相対主義**と類似した考え方だが、「一つの国や社会の内にある多様な文化を認めようとする」のは「**多文化主義**」。だから**E**は「多文化」主義でキマリ。

C 自文化中心

D 文化相対

E 多文化

❷ **次の問いに答えよ。**

A 〈現在も残る古い風俗や生活習慣を普通の人々の生活のなかに探り、民族的特質を考えようとする学問〉のことを何と呼ぶか。

↓ 民俗学

B Aの代表的な学者柳田國男《やなぎたくにお》の著作を一つ記せ。

↓ 遠野物語

❸ **次の傍線部分を簡潔に五字以内で言い換えよ。ただし「近代」という語はそのまま使ってよい。**

西洋文明が最高の文明だというのは、近代という時代がつくりだした根拠のない見方である。

↓ 近代の神話

+α 重要語

「文化」に関連する語

口頭伝承…口伝えによって人々に伝わっていくこと。言い伝え。

呪術…不思議な力に働きかけて目的を達しようとする行為。まじない。

呪術的…呪術めいた。不思議な。

❷ **文学史に関する知識も覚えておこう。**

A「現在も残る古い風俗や生活習慣を普通の人々の生活のなかに探り、民族的特質を考えようとする学問」は、本冊P63の〈今も残る伝統的な風俗や生活習慣を一般の人々の生活のなかに探り、民族的特質を考えていこうとする学問〉と同じだから「民俗学」。

B民俗学の代表的な学者である**柳田國男**には、岩手県遠野地方に伝わる民話や伝承などを集めた『遠野物語』という著作がある。河童《かっぱ》とか幽霊とか出てくるよ。遠野に行くと、「かっぱ饅頭《まんじゅう》」とか売ってる。『蝸牛考《かぎゅうこう》』や『山の人生』などの著作もある。これらを解答としてもOK。

❸ **「神話」も大頻出基本単語！**

〈根拠なく信じられているものの見方、考え方〉という意味を表す語として「**神話**」があった。すると「近代という時代がつくりだした根拠のない見方」は「近代の神話」と言い換えることができる。「近代」という語は使ってもよいと設問文にあるので、これでOK。でも意外と簡潔な名詞句をつくるのはむずかしいね。

6 カルチャー（文化） 実戦演習問題

解答

問題は本冊64・65ページ

◎要旨をチェック！◎

わが子の気持ちを想像していると思うことがあるが、実はそれは我が子を自分のように見ているということに他ならない。でも、そのようにして人間は相手に心を吹き込むのである。もしそれを止《や》めれば他人も自分も「でくのぼう」になってしまう。そのようにして他人に心を吹き込むことは、アニミズムと呼ばれるべきであり、吹き込む対象を広げていくことで、人間性も豊かになっていくだろう。

1 傍線部Aとあるが、このように言えるのはどうしてか。その説明として最も適当なものを次のア〜オから一つ選べ。

ア 相手に心があると見なすことは、×あなたが人間であることの証《あかし》だといえるから。

イ 相手に心があると見なすことは、×あなたが昔の人と同じ心の広さをもつということだから。

ウ 相手に心があると見なすことは、相手も魂をもつ存在だと考えることだから。

解説

❶〈理由〉説明では、傍線部とのつながりが正解のポイント！

傍線部のように「人間同士が互いに心あるものとする態度」は、相手に「心」＝「魂」を「吹き込み」、相手を人間にすることだ。それは言い換えれば、相手を「魂」をもつものと見なすことだから、〈自然のすべてのものに力や魂が宿っているという考え方〉と同じである。だからそうした「態度」は、傍線部の後半部のように「**アニミズム**」だといえるのだ。よって正解は、そうした内容に最も対応しているウ。

ア「あなたが人間であることの証《あかし》だといえる」、イ「あなたが昔の人と同じ心の広さをもつ」、オ「あなたが相手をわが子同様に考えていることになる」は、それぞれ「**アニミズム**」の意味と食い違う。エ「人間の生活や歴史を形成する営み」の一つが「**アニミズム**」だとはいえるが、「**アニミズム**」と直接結びつく内容のあるウの方が、**傍線部と対応するつながりがある**ので、エはウより劣る。

エ　相手に心があると見なすことは、人間の生活や歴史を形成する営みだから。

オ　相手に心があると見なすことは、あなたが相手をわが子同様に考えていることになるから。

答　ウ

2 空欄Bに入れるのに最も適当な語句を次のア～オの中から一つ選べ。

ア　正当　　イ　排他　　ウ　伝染　　エ　普遍　　オ　必然

答　イ

---

❷ 空欄補充は前後の指示語もヒント!

空欄直前の「その」に着目しよう。この指示語はかつての「鷹揚《おうよう》（＝ゆったりとしているさま）な**アニミズム**」とちがい、「せちがらい（＝ここでは、ゆとりがない・暮らしにくい、という意味）アニミズム」＝「心」を「吹き込」む相手が「縁故血縁関係」に限定されていること、を受けている。すると解答は、相手＝対象を絞りこんでしまう〈狭さ〉を表現するものが適切。だからイ「排他（性）」が正解。「**排他**（性）」は文字通り、「他」を「排」除することだから〈狭〉い様子を表せる。また**B**の後に「迷惑」だとあるので、**B**にはマイナスイメージの語が入るとわかる。

他の選択肢はそうした〈狭さ〉につながるマイナスイメージを表せないので、選ぶ根拠がない。でもエ「**普遍**（＝どこでも誰にでも、すべてのものに当てはまること）」、オ「**必然**（＝必ずそうなること）」は前（本冊P15、P22）にも出てきたのでしっかり覚えておこう。

+α 重要語

「文化」に関連する語　**デジタル**…ある量やデータを数字や数値で表すこと≒単純。現代は「デジタル」の時代。⇔**アナログ**…ある量やデータを連続する形（ex：時計の針）で表すこと≒複雑。　**アナロジー**＝似たもの同士の関係。類比。

19 頻出テーマ⑥科学

問題は本冊68・69ページ

解答

❶ A〜Cの考え方を表す語句を記せ。

A 実際に検証したり証明したりできることだけを研究しようとする態度

↓ 実証主義

B その時代の考え方の枠組み

↓ パラダイム

C 生物も多くの部品から成り立っており、分解すればすべてが理解できるという考え方

↓ 機械論

解説

❶ 「近代科学」に関する重要語句！ しっかり覚えよう。

A 「実際に検証したり証明したりできることだけを研究しようとする態度」は、近代科学を支える「実証主義」という考え方だ。よく評論で「**実証的**」という言葉も出てくるから、意味を覚えておこう。

B 「その時代の考え方の枠組み」は「パラダイム」。たとえば、近代にありがちだった、〈科学はなんでもしてくれる。科学バンザイ！〉みたいな考え方は、そんな甘い考え方が通用しなくなった現代から見れば、〈近代の**パラダイム**〉だったといえる。〈**パラダイム**〉は、そういう、時代を支配している考え方の枠組みだ。もとは科学者の考え方だけを指したが、今書いたように、私たちを含めた〈ある時代の考え方の枠組み〉という意味で使われることが多い。

C 「生物も多くの部品から成り立っており、分解すればすべてが理解できるという考え方」は「機械論」だ。これも近代科学の基本的な考え方だから、しっかり押さえよう。

❷ 次の文章と、空欄を含む文章が同じ内容になるように、最も適当な語句（漢字二字）を空欄に記せ。

私たちは他人だけではなく、自分の行動についても、距離を置いて見てみることが必要だ。

≒

我々は他者だけではなく、自己の行動をも［対象化］する必要がある。

❸ 次の図は「主客二元論」を説明した図である。空欄に入れるのに適当な語句（漢字二字）をそれぞれ記せ。

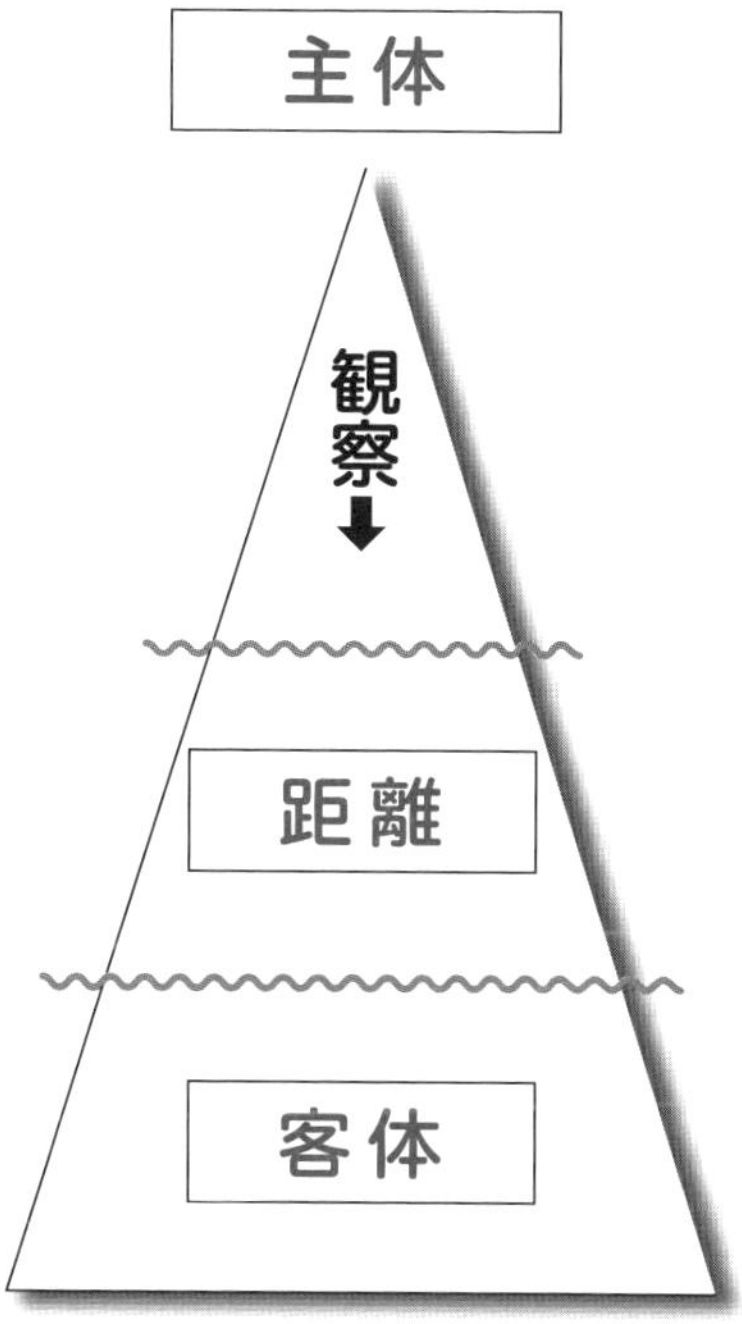

---

❷ 「対象化」は科学論だけじゃなく、大頻出！

「私たちは他人だけではなく、自分の行動についても、距離を置いて見てみることが必要だ」という文と「我々は他者だけではなく、自己の行動をも［　］する必要がある」という文とを比べれば、空欄には〈距離を置いて見てみること〉という部分に該当する語が入ればよいとわかる。それは〈対象化〉（本冊P14参照）だ。

❸ 「主客二元論」はこのピラミッドで覚えよう！

「**主客二元論**」は「主体（「理性」「人間」もＯＫ）」が「客体」を「距離」を置いて「**観察**」するという**合理主義**や科学の考え方。それが人間対自然という対立関係に移っちゃった。それに、**主体**がもつ**理性**はキリスト教の神からもらったもの。だから、ほんとは世界の頂点＝神の位置であるはずの所、を奪った**主体**には、キリスト教の神から**理性**をもらった西洋人しかなれない。すると**客体**は非西洋（東洋など）になる。すると、優れた西洋が劣った非西洋を支配するという形になる。これは頻出テーマ⑤カルチャー（本冊P62）に書いた**西洋中心主義**だ。そう、**西洋中心主義**と**主客二元論**は関係がある。そこから植民地主義も生まれてくるのだ。

「漢字二字」という条件だから、まんなかの空欄に「距たり」は×で正解は、「距離」。この「距離」は、主体が、客体とは次元の異なる所に位置するために必要な「距離」だ。

＋α 重要語

「科学」に関連する語

エビデンス…①科学的な証拠　②事実としての根拠

7 科学 実戦演習問題

解答

問題は本冊70・71ページ

◎要旨をチェック！◎

近代科学は自然を利用する強力な推進力となったが、それは単に近代科学がテクノロジーを発達させたからではない。もともと近代科学の自然観のなかには生態系を保護しようとする発想に相反するものが含まれていた。それは中世の自然観とは違う特徴をもっており、その特徴とは第一に機械論的自然観であり、第二には原子論的な還元主義である。そしてこれらから第三の特徴としての物心二元論が生じてくる（この物心二元論こそ自然保護とは相入れないものである）。

❶ 傍線部Ａ「近代科学の自然観」とあるが、この「自然観」と対照的な「自然観」の内容を説明した部分を二十五字以上三十字以内（句読点等を含む）で本文から抜き出し、その最初と最後の五文字を記せ。

解説

❶ **問題文は、な、な、なんと「東大」でも出た文章！**

この文章は「近代科学」について、きちんと説明してくれているので、お勉強になる。少しむずかしかったかもしれないけど、しっかり理解しよう。

「近代科学の自然観」と「対照的（＝正反対）」な「自然観」は他の時代の「自然観」だろう。すると問題文では「近代」と「中世」が第3段落で対比されている。そこで中世の「自然」に関する考え方を述べた部分をうまく「二十五字以上三十字以内」で抜き出せばよい。Ｂの後の「中世」という言葉に注目。その後の「自然の中には～考えられていた」という部分は、まさしく「自然」に対する「考え」だから「自然観」だ。「中世までは～宿っている」なんていう中途半端な切り取り方をしてはダメ。この「中世までは」という部分は、「考えられていた」にかかっているのだから、文法的におかしな切り取り方になる。**抜き出し問題は文法的にもキレイにまとまった形で抜き出すこと！**

❷ **「二元論」の内容を思い出そう！**

Ｂは、その内容がこの段落で説明されていて、段落末尾に「自然」を「機械とみなす」とあるので、オ「機械論」でキマリ。

Ｃは本冊Ｐ14に書いてある「**主体**」の定義を思い出そう。それは〈①

答　最初　自然の中に
最後　られていた

2 空欄B・Cに入れるのに、最も適当な語句を次のア～オから一つずつ選び、記号で記せ。

ア　対象
イ　主体
ウ　実証主義
エ　客体
オ　機械論

答　B　オ
C　イ

自分の意志に基づいて考えたり、働きかけたりするもの　②物事を認識する（理性をもった）自己〉だった。**C**の前後を見れば、**C**は「認識する」「側」のことだとわかるから、イ「主体」を入れれば○。

　ではなぜ「**主体**」の話が出てきたのだろう。それは「**物心二元論**」が「**主客二元論**」とほぼ同じことだからだ。「**物**」＝「自然」＝「**客体**」＝「対象」⇔「**心**」＝「人間」＝「**主体**」、というイコール関係が下敷きになっているから、「**主客二元論**」と同じになるのだ。そして**C**の部分は、〈認識される**客体**である「自然」はただの「微粒子（＝物）」で、その**客体**に「認識する」「**主体**」が「性格」を与えてやるのだ〉といっているのです。つまり「**主体**」がやっぱりエライってこと。「知覚の世界は、主観の世界である」というのも同じことで、世界は、「主観＝主体」が中心だといっているのです。そして「**物心二元論**」を人間に当てはめれば、本冊のP31に出てきた、「**心身二元論**」になる。なぜなら「身＝肉体」は、微粒子からできている「物＝**客体**」だと考えられるから。

　それと「還元主義」というのは、〈**要素還元主義**〉のことで、物事を細かくもとの**要素**に戻し（＝**還元**し）て分析すれば、その全体像が理解できるという考えのこと。問題文では、自然を細かな微粒子である原子（と法則）に戻す考え方を「原子論的な還元主義」といっている。そしてそれは、部分を積み重ねれば全体が簡単にわかる、という考えだ。そんな簡単にいかないよね。

＋α 重要語

「科学」に関連する語　科学信仰…科学は万能で、どんな問題も解決できると思うこと ≠ 科学神話・科学主義

Step 3

20 頻出テーマ⑦ものの考え方（思想・哲学・宗教）(1)

問題は本冊74・75ページ

解答

❶ 次の文中の空欄に入れるのに最も適当な語句を後の［　］から一つずつ選び、記せ。

近代の中心的な思想である A［合理主義］の代表的な思想家であるデカルトは、〈世界のすべてのものは疑えるが、疑っているこの自分の B［意識］だけは疑えない〉と考えた。こうした個の意識を絶対と見なす考え方は西洋の思想・哲学の前提となってきた。

しかしそうした考え方が個人の傲慢や他者からの孤立をもたらすようになると、人間を他者との C［関係］のなかで捉え直そうとする動きが生じてきた。その代表的な考え方の一つに D［構造主義］がある。

［関係　合理主義　構造主義　個人主義　意識］

解説

❶ 〈近代〉から〈現代〉への〈思想〉の変化を押さえよう。

デカルトが「近代の中心的な思想である」「**合理主義**」という考え方の代表的人物だということは、本冊のP69「ヒトコト解説」に書いた。なので**A**には「合理主義」が入ればよい。

Bは、空欄の直後に「こうした個の意識」という指示語があるので、「意識」を入れて、文脈を完成させる。**デカルト**が述べた〈世界のすべてのものは疑えるが、疑っているこの自分の意識だけは疑えない〉という考えは、ラテン語では「**コギト　エルゴ　スム**」と表され、〈我思う、ゆえに我あり〉と訳される。自己の意識の重視を示す言葉だ。

Cは空欄直前の「他者との」というつながりから、選択肢のなかでは「関係」が適切。

Dは、近代的な考え方の行きづまりを打破する考え方だということはわかるだろう。よって「構造主義」が妥当。「**構造主義**」はさまざまな分野に影響を及ぼしたが、本冊のP63で名前の出てきた文化人類学者のレヴィ・ストロースは、未開といわれる社会のなかにも文明社会に劣らない文化や〈構造〉があるとし、「構造主義」の考え方を提示した。それは西洋＝優⇔非西洋＝劣、という考え方を否定した点で、「反**西洋中心主義**」だともいえる。

❷ 次の各文の空欄に入れるのに最も適当な語句をカタカナで記せ。

現代人には、型にはまった［**A**］な思考が目立つ。

→ ステレオタイプ

男尊女卑の風潮に反対して、［**B**］の考え方が登場したが、現実には、まだ女性に対する差別が存在する。

→ フェミニズム

日本の戦争中には、軍国主義という［**C**］が社会を支配していた。

→ イデオロギー

---

❷ 「思想」に関わるカタカナ語もたくさん覚えよう。

空欄直前に「型にはまった」とあるので、**A**には〈型にはまった画一的イメージ〉という意味の「ステレオタイプ」が適当。「**ステレオタイプ**」は「ステロタイプ」ともいうが、それらの訳語として使われる「紋切り型」は、和服なんかについている「紋」を切り抜く型のこと。クッキーの型抜きとかと同じ。みんな同じ形になるでしょ。だからワンパターンで、「**ステレオタイプ**」とイコールになる。

Bは空欄の前後から、「男尊女卑（男はエライ、女はアカン）の風潮に反対」するものであり、なおかつ「女性に対する差別」を批判するものだとわかる。なので〈女性の地位向上や反性差別を訴える考え方〉である「フェミニズム」がふさわしい。

Cは、「軍国主義」という「主義（主張）」とイコールであり、日本の戦争中に「社会を支配していた」もの。これらから〈①主義主張　②集団や個人を支配している考え方・信念〉という意味の「イデオロギー」がふさわしい。

＋α 重要語

「ものの考え方（思想・哲学・宗教）」の関連語

～至上主義…「～」がイチバン価値がある、という考え方（ex：「芸術至上主義」＝すべてのもののなかで芸術こそがイチバン価値があるという考え方）

Step 3

21 頻出テーマ⑦ものの考え方（思想・哲学・宗教）（2）

問題は本冊76・77ページ

解答

❶ 次のカタカナの語句の意味を簡潔に言い換えて記せ。

A ムスリム
↓
イスラム教徒

B アンチノミー
↓
二律背反

C コスモロジー
↓
世界観

解説

❶ BとCは評論によく出てくるカタカナ語。

A「ムスリム」は「イスラム教徒」のこと。現代社会論ではときどき出てくるから覚えておこう。

B「アンチノミー」は「二律背反」。「二律背反」は〈（妥当な）二つの事柄が、対立し、両立しないこと〉だった。

C「コスモロジー」は「世界観」。〈宇宙に関する考え方・宇宙観〉とか〈世界に対する考え方〉でもよいが、「世界観」のほうをまず覚えておこう。

❷次の文中の空欄に入れるのに最も適当な語句を後の[　]から一つずつ選び、記せ（同じ記号の空欄には同じ語句が入る）。

世界三大宗教といわれる、仏教・[A キリスト教]・[B イスラム教]のうち、[A キリスト教]・[B イスラム教]は同じ系統に属している。にもかかわらず現代世界において、この二つの宗教の対立から生じる紛争や事件は数知れない。[C 文化]や伝統とも関連する「宗教」の対立は、民族対立をも引き起こし、排他性と結びつきやすい[D ナショナリズム]とも相まって、その打開の糸口はなかなか見えてこない。

（A・Bは逆でもよい）

ナショナリズム	キリスト教	ヒンドゥー教
文化	イスラム教	

---

❷「世界三大宗教」…世界史とかやっている人はわかった？

ちょっと応用問題だったが、「世界三大宗教」といわれるのは、仏教・キリスト教・イスラム教。このうちキリスト教徒は23～25億人、イスラム教徒が18～20億人、仏教徒が5億人程度とされる。信者数だけなら、仏教徒よりもヒンドゥー教徒（10億人程度）のほうが多いけど、民族、地理を超えて広がっていることなどから、上記三つを「世界三大宗教」という。そのなかで、**A・B**は「同じ系統」に属するもの。だから**A・B**には「キリスト教」と「イスラム教」を入れる。

しかしこの二つの宗教の対立はみんなもよくニュースなどで聞くだろう。源が同じだけに、近しいものほど仲良くできないのかもしれない。哀《かな》しい…。

そして宗教は**C**にも関わる。**C**は「伝統」と並列されていることと、「宗教」と関係するものと考えて「文化」を選ぶ。

さらに「宗教」は「民族」にも関わるから、「おいらの宗教が一番だ」という「排他性と結びつきやすい」。「排他性と結びつきやすい」のは「ナショナリズム」。**C**と**D**で、文化とナショナリズムを逆に入れた人もいるかもしれないが、「排他性と結びつきやすい」のはやはり「ナショナリズム」のほう。だから**D**には「ナショナリズム」を入れる。

＋α 重要語

「ものの考え方（思想・哲学・宗教）」に関連する語

福音《ふくいん》…①イエス＝キリストの説いた教え　②喜ばしい知らせ（ex：福音がもたらされる）

摂理…（神の造った）世界の仕組み・法則

8 ものの考え方（思想・哲学・宗教）　実戦演習問題

問題は本冊78・79ページ

解答

◎要旨をチェック！◎

自我に目覚めた私が耐えがたかったのは、自分が家族以外の者から承認されていないという事実であった。そうした経験をして私が感じるのは、自我とは相互承認の産物だということであり、他者を排除した自我はありえないのである。

1 **空欄Aに入れるのに、最も適当なものを次のア～オから一つ選び、記号を記せ。**

ア　顕在化　　イ　対象化　　ウ　絶対化　　エ　一元化　　オ　体系化

答　イ

解説

1 **対比的な空欄補充は対比が明確になる語句を選ぼう！**

筆者は「それまで」「両親」と、空欄直前にあるように、「一心同体（＝異なったものが一つの心、一つの身体のように強く結びついていること）」だった。それが一転「Aして見るようになってしまっ」たという文脈だ。するとAには「一心同体」と対比されるような語が適切。よって〈距離を置いて見ること〉という意味のイ「対象化」（本冊P14・69参照）が「一心同体」と最も対比的な意味をもつので正解。

ア「**顕在化**」＝〈はっきり姿を現すこと〉。

ウ「**絶対化**」＝〈何ものとも取り替えのきかない、飛び抜けた存在と見なすこと。他を認めないこと〉。

エ「**一元化**」＝〈多くのものを一つのものに統一すること〉。

オ「**体系化**」＝〈別々のものをまとめること≒組織化。本冊P21も参照〉。

これらの語句の意味もしっかり頭に浮かぶようになろう。

2 本文の内容と最も合致するものを次のア〜オから一つ選び、記号を記せ。

ア　筆者にとって苦痛だったのは、社会から自分を見ると、家族以外の誰からも承認されていないという事実を知らされたことであり、その結果人嫌いになって家から出なくなってしまった。

イ　筆者が自我の目覚めについて自覚があったわけではないと述べているように、自我に目覚めるというのは幻想であり、そもそも自我というものの存在自体が疑わしい。

ウ　筆者は自我に目覚めた頃に、自分を自分の外部から眺める意識にも同時に目覚め、その結果暗い気持ちになり、人と話すときには、なぜかゆっくりと話すようになった。

エ　筆者の両親は自分たちの苦労もいとわずに筆者を育てたにもかかわらず、筆者は誰からも必要とされていないと思い込み、殺伐《さつばつ》とした気持ちを抱き続けた。

オ　筆者は自我に目覚め、自分の存在や生について考え始めたが、その結果手にした結論は、人間の自我は人間相互の関係のなかにしかありえず、他者の存在が不可欠であるというものだった。

答　オ

❷ 内容合致問題でも語彙《ごい》力は必要だ！

上の◎**要旨をチェック！**◎にも書いてあるように、問題文は、自分が自分一人で成り立つと考える〈**近代的自我**〉の発想を否定し、人間の自我が、「相互承認」つまり〈他者との認め合い＝相互**関係**〉によってしかありえないという内容である。これはＳｔｅｐ3全体で確認した個人主義などの近代的思想から構造主義などの現代的な思想への大きな転換点だ。

そしてそうした問題文の内容に対応しているのがオ。オの「自我」にとって「他者の存在が不可欠」というのは問題文の最後の一文（とくに「ありえない」＝「不可欠」）と対応している。

〈選択肢チェック〉

ア…「人嫌いになって家から出なくなってしまった」が問題文にナシ。

イ…「自我に目覚めるというのは幻想であり、そもそも自我というものの存在自体が疑わしい」が問題文にナシ。

ウ…「人と話すときには、なぜかゆっくりと話すようになった」が「吃音《きつおん》（＝最初の音がうまく出てこない状態）」（第3段落冒頭）とズレ。

エ…間違えやすいけど、「筆者は誰からも必要とされていないと思い込み」が×。「家族以外の誰からも承認されていない」（第5段落）とあるので、「家族」は認めてくれていた。すると「誰からも必要とされていない」というのは問題文と食い違う。

＋α 重要語　「ものの考え方（思想・哲学・宗教）」に関連する語

功利的…物事の、効果や利益のみを重視するさま

テーゼ…命題。一つの判断の内容を言語・記号・式などで表したもの。

思弁…純粋に論理に基づいて考えること

Step 3

22 解答 頻出テーマ⑧言葉(言語)

問題は本冊82・83ページ

❶ 次の図の中の空欄に入れるのに最も適当な語句を後の［　］から一つずつ選び、記せ。

〈始まりの世界〉

＝

［混沌］

↓

〈言語〉によって

↓

［分節化］

↓

［秩序］の形成

［分節化　秩序　論理　記号　混沌］

解説

❶ 言語によってできあがる〈世界〉の成り立ちは?

「**言語**」は〈人間が考えたり、認識したり、人とコミュニケーションを取ったりするときに使われる文字や音〉だ。たとえば誰かが、「あのワンと鳴く4本足の生き物を、今日から〈犬〉と名付けよう」といい始めた。そのとき、まだ〈犬〉と猫が区別されていなかったわけのわからない「混沌《こんとん》(＝**カオス・ぐちゃぐちゃ**)」とした世界が、「分節(化)(＝物事を区分けすること)」される。これで上二つの空欄はOKでしょう。

一番下の空欄がむずかしかったかもしれないけど、本冊P17で覚えた「**混沌(＝カオス)**」⇔「**秩序(＝コスモス)**」を思い出そう。世界は「言語」によって「混沌」とした世界から「秩序」だった世界になるのだ。空欄の後の「の形成」という語句もヒントになるだろう。よく〈秩序を形成する〉といういい方もするからね。「**記号**(＝意味を表すもの)」は言語や言葉とイコールになっちゃうし、「言語」はすでに上の図の「混沌」の後にあるから、今さら「形成」されるのはおかしい。また「**論理**」は言語に含まれる一部(❷で確認するように、ロゴス＝言語＝論理、という解釈もある。そうするとやはり「言語」とイコールになる)だから、この図にはうまく当てはまらない。また世界が「分節化」されたからといってすぐに「論理」が「形成」されるわけではない。

❷ 次の語句に最も関係のあるものを後の[　]から一つずつ選び、記せ。

A クレオール ― 植民地

B 詭弁《きべん》 ― ソフィスト

C テクスト ― 読者

D ロゴス ― 論理

E コンテクスト ― 文脈

ソフィスト	読者	論理
植民地	文脈	

❷ 言葉の意味だけじゃなく、関連する事柄も覚えよう！

A「**クレオール**」は〈ある言語が他国や**植民地**で使われているうちに、現地の言葉と融合してできた言語が母語となった状態。習慣などを含むときもある〉という意味だったから、正解は「植民地」。

B「**詭弁**」は〈こじつけの議論。見かけは正しく思える考え方〉という意味。「**詭弁**」を用いる人たちを古代ギリシアでは**ソフィスト**と呼んだから、「ソフィスト」が正解。

C「**テクスト（テキスト）**」＝〈言葉によって書かれたもの〉という語には、「**読者**がいろいろな解釈をしてもいいよ、というニュアンス」が含まれるのだった。だから「読者」が正解。

D「**ロゴス**」は〈ギリシア語で〈言葉〉という意味。**ロゴス**には、真理が含まれると考えられた。理性・**論理**という意味でも使われる〉と本冊P83に説明してあった。だから「論理」が正解。

E「**コンテクスト**」は〈①**文脈** ②ある事柄の裏側にある背景、状況〉という意味だから「文脈」が正解。「**文脈**」は〈語と語、文と文のつながり〉という意味のほか、〈筋道・背景〉などという意味でも使う。

＋α 重要語

「言葉（言語）」に関連する語

カテゴリー…部類・部門≒範疇《はんちゅう》

アポリア…一つの物事に相反する二つの見方が成り立つこと。むずかしい問題。

9 言葉(言語) 実戦演習問題

解答

◎**要旨をチェック!**◎

言葉と貨幣は単独では価値をもたず、いずれの価値も二重の〈関係〉から成り立っている。貨幣は他の物との関係、他の貨幣(体系)との関係という二重の関係をもつ。同様に言葉も、他の言葉との関係、またそれが用いられる文脈との関係、という二重の関係において存在する。

1 傍線部A「それが基盤とする関係は二重である」とあるが、どのようなことか。その説明として最も適当なものを、次のア〜オから一つ選べ。

ア 個としての〈単語〉は、その単語が属する言語体系内で他の単語との相関関係において機能すること、及び、その単語の意味は、語が用いられるすべての言語的、社会的状況の中で決まるということ。

イ 個としての〈単語〉は、たとえば日本語の「兄」という語のかたわらには「弟」という語があり、英語の brother にはそうした対立項は存在しないというように、言語によって問題となる関係は一元的ではないということ。

解説

問題は本冊84・85ページ

❶「関係」という語に着目し、傍線部以降の文脈をたどろう。

傍線部冒頭の「それ」は「言葉」を指す。すると「言葉が基盤とする関係は二重」なのだから、「言葉」について書かれている傍線部以降に「言葉」のもつ「二重」の「関係」をたどればいい。まず傍線部直後に、日本語では〈「兄」という語のそばには「弟」という語がある〉と書かれている。これは「兄」という言葉は「弟」という言葉とペアでイメージされるということ。つまり**a**〈ある単語は他の単語との関係において働く〉。

また最後の段落には、「もう一つの関係」とあり、単語は「文脈」=「文法上の前後関係」+[B]=「言語的・社会的・歴史的**状況**」≒〈イデオロギー+〈場〉〉などと関係する(**b**)と書かれている。よって正解はア。「個としての〈単語(「兄」)〉は、その単語が属する言語体系(=日本語のまとまり)内で他の単語(「弟」)との相関関係において機能する」が**a**と、「その単語の意味は〜**状況**の中で決まる」が**b**と対応している。

〈選択肢チェック〉

イ…**a**だけ説明していて、**b**の説明ナシ。だから「二重」じゃない。

ウ…これも**a**だけ説明しているし、傍線部の「二重」の「関係」は「二つ以上の意味をもって機能する」ということではない。

エ…今度は**b**だけで**a**ナシ。これも実は「二重」になっていない。

オ…言葉の「価値」が言葉のもつ「意味」と関係があるという説明は、

ウ　言葉は、周辺の言葉をも意味として含むものであり、たとえば「兄」という語は「弟」という語を同時に暗示するというように、言語の体系という基盤に照らして考えれば、常に二つ以上の意味をもって機能するということ。

エ　言葉は、貨幣と同様にそれだけでは何の価値ももたないのであって、それが使用される〈場〉全体、及び、使い手と相手の関係という二重の基盤に支えられて効力をもつということ。

オ　言葉の価値は、その言葉がもっている意味と密接な関係があること、及び、言葉が使用される〈場〉全体によって意味が決定されるということ。

答　ア

2

空欄B・Cに入れるのに、最も適当なものを次のア～オからそれぞれ一つずつ選び、記号を記せ。ただし、同じものを二度用いてはならない。

ア　グローバリズム　イ　イデオロギー　ウ　カオス
エ　クレオール　オ　コンテクスト

答　B　オ　C　イ

〈他の語との関係〉という内容である**a**とズレ。

❷ Cは〈チャレンジ〉。消去法で選ぼう！

Bは空欄直後に「すなわち」とあるので「言語的・社会的・歴史的**状況**」とイコールだ。そしてこの空欄を含む文の主語が「**文脈**」だということに気づいたらナイス。「文脈は～［B］である」となっているから、「文脈＝［B］」でもある。

「**コンテクスト**」には〈①**文脈**　②ある事柄の裏側にある背景、**状況**〉という意味があった。その両方にちゃんと当てはまるから、**B**は「コンテクスト」でキマリ。

Cは「民主主義」という語を筆者が例として挙げた意図をまず押さえよう。感覚や感情じゃなくて、人の〈**考え方**〉に関わる言葉を挙げたのだ。〈**考え方**〉なのだから、「語り手と聞き手」の〈**考え方**〉が同じか違うかで、「民主主義」という言葉の「意味」が違ってくるだろう。そして「民主主義」は「主義」だから、「**イデオロギー**（＝①**主義主張**　②**集団や個人を支配している考え方・信念**）」（本冊P75参照）だ。よって**イ**「イデオロギー」を**C**に入れれば「民主主義」とも関連するし、筆者が「民主主義」という〈**考え方**〉に関連する語句を例に挙げた意図に沿うつながりもできる。また**考え方**だから、「語り手と聞き手の」という、**C**直前の語句ともつながる。

世界規模で物事を考えようとする「グローバリズム」、「カオス（＝混沌《こんとん》・ぐちゃぐちゃ）」、言語が融合する「クレオール」は、**C**直前とのつながりをつくれない。問題文も設問もやや難！

＋α 重要語

「言葉（言語）」に関連する語　**散文**…言葉のもつ韻律（音の規則やリズム）にこだわらない小説や評論など⇕**韻文**…韻律を意識して書かれる詩や短歌、俳句など

23 頻出テーマ⑨表現（芸術・文学）

解答

❶ 次の文中の空欄に入れるのに最も適当な語句を後の［　］から一つずつ選び、記せ。

近代芸術は科学と［A 個人主義］との影響を受けながら展開した。とくに芸術家に求められたのは、誰の模倣でもない、神のような［B 独創性］であった。

また絵画の技法としての［C 遠近法］も、画家の視点を神の如く絶対化し、対象との［D 距離］を重視する点で、近代的な二元論だともいえる。

独創性　距離　個人主義　遠近法

解説

問題は本冊88・89ページ

❶「近代芸術」の特徴は入試でも頻出。

近代芸術は科学や合理主義、そして個人主義の影響を受けている。

Aは「科学」と並列されているのだから、「個人主義」が適切。

Bの直前には「誰の模倣（＝まね）でもない」とあるので、〈誰とも違う自分だけの特徴〉という意味の「独創性」がふさわしい。

Cは「絵画の技法」だし、「画家の視点を神の如く絶対化し」ともあるので、〈画家の固定された視点のみから見える世界〉を描く絵画の技法である「遠近法」が○。

Dは、空欄前後から、「**遠近法**」が「重視する」ものが入る。「**遠近法**」は「**距離**」を「重視する」のだから、「距離」が正解。ちなみに江戸時代の日本画などには「**遠近法**」もあるが、いろいろな視点が一つの絵のなかにあるという、多中心的画法が用いられているものも多い。

❷ 比喩《ひゆ》の種類も入試でよく問われることの一つだ。

Aは、「彼」が「辞書」のように物知りだということを喩《たと》えた〈**比喩**〉だ。なぜ〈**比喩**〉かといえば、「彼」と「辞書」という具体的なものを結びつけているからだ。なおかつ「ように」という語を使っていないので「暗喩（**隠喩・メタファー**）」。「**暗喩**」は〈**わかりづらい比喩**〉というニュアンスでも使われる。

❷ **次のような表現の特徴を言い表した語句を後の[ ]から一つずつ選び、記せ。**

A 彼は歩く辞書だ。 ➡ [暗喩]

B 風が泣いている。 ➡ [擬人法]

C バラのように美しい人だ。 ➡ [直喩]

[擬人法　直喩　寓話　暗喩]

❸ **次の文中の空欄に入れるのに最も適当な語句を後の[ ]から一つずつ選び、記せ。**

A 彼が期待したのとはまったく異なった結果が出たのは、[皮肉]としか言いようがない。

B 小説は、[虚構]を通じて私たちと他人とを同化させることができる。

C 彼の創った短歌に、何ともいえない[余韻]を感じた。

[虚構　皮肉　余韻]

Bは「風」という人間ではないものが、人間のように「泣いている」と表現しているので、「擬人法」だといえる。

Cは「美しい人」を「バラ」と結びつけているから〈**比喩**〉だし、「ような」を使っているので「直喩(**明喩**)」。

❸ **意味を考えて、いろいろな言葉を使っていこう。**

Aは「期待したのとはまったく異なった結果が出た」のだから、〈期待と結果が異なること〉を意味する「皮肉」が○。

Bは、「小説」が、「私たちと他人とを同化させる」手段が入ればよい、という文脈を理解する。小説などが創り出す「**虚構(=つくられた世界)**」では、自分が登場人物とか、普段の自分とは異なる者になれるが、それは自分ではない者＝「他人」になるということだ。だから「虚構」は「私たちと他人とを同化させる」しくみといえる。

Cは、「何ともいえない」という、言葉にならないような〈味わい〉を「短歌」がもたらしたと考えて、〈後まで残る味わい。余情〉を意味する「余韻」を入れる。

＋α 重要語

「表現(芸術・文学)」の関連語　**モチーフ**…①表現の動機。動機となった考え・思想。②表現の主題・描写された対象　**主題**…中心となる内容。テーマ。題目。

10 表現(芸術・文学) 実戦演習問題

解答

◎要旨をチェック！◎

遠近法はギリシアに端を発する図法だが、「個」が世界をとらえうるという確信に基《もと》づき、西欧芸術の主流となった。たしかに遠近法は超自然的な(=自然を超えた不思議な)空間を数学的な空間に変えたが、それによって失われたもの(ex他の見方、描き方など)も大きかったのである。

1 傍線部A「遠近法の発見」とあるが、筆者がいう「遠近法」とはどのようなものか。その説明として最も適当なものを次のア〜オから一つ選び、記号を記せ。

ア ギリシア人によって考案され、ルネサンス期に完成された、空間を数学的に描く技法。

イ どこでも誰にでも通用する、人間中心的な世界に関する見方にのっとって空間を描く技法。

ウ 人間は神同様、過不足なく世界をとらえうるという宗教的な確信にもとづいて、空間を描く方法。

エ 科学者たちが概念によってつくりあげた空間を、数学的な根拠に基づいて描いていく絵画の技法。

解説

問題は本冊90・91ページ

1 「遠近法」の内容をこの問題文で確認しよう！

「**遠近法**」は〈画家の視点が特別のものとされる点で、近代芸術で芸術家が優位に立つ現れである〉と本冊P88に書いたが、この問題文で説明されている「**遠近法**」は、以下のようにまとめることができる。

a ギリシアに源をもち、ルネサンス期に確立された

b 個が世界をとらえうるという確信に基づいていた

c 数学的な均整(=つり合い)のとれた視覚空間を描く

これらに最も対応しているのはアだ。「ギリシア人によって考案され、ルネサンス期に完成された」が**a**と、「空間を数学的に描く技術」が**c**と対応するからだ。

〈選択肢チェック〉

イ…「どこでも誰にでも通用する」は「普遍的」と言い換えることができる。すると「普遍的な原理ではなく」(17〜18行め)と×。これは「パノフスキー」の考えだが、筆者も本文のラストを見ると、「パノフスキー」のように「遠近法」を疑問視しているので、「パノフスキー」の考えと筆者の考えはほぼ重なると考えてよい。

ウ…「確信」が「宗教的」なものだとは問題文に書かれていない。

エ…「科学者たちが概念によってつくりあげた空間」が×。「概念による空間」(最後から2行め)は、「科学者」ではなく「哲学者や神学者」がつくった。

オ　科学や数学が発達したルネサンス期に隆盛をきわめたが、現代では顧《かえり》みられなくなった絵画の技法。

答　ア

2

傍線部B「エジプトの壁画」が奇妙に見えるのはなぜか。その説明として最も適当なものを、次のア〜オから一つ選び、記号で答えよ。

ア　人物たちの視線が一点に集中するのではなく、それぞれに異なる方向を向いているように見えるから。

イ　それを見る人間が、個人の視覚がとらえた世界を画面に描き出す図法にのっとって見ているから。

ウ　なぜ上体が正面を向いているのに顔が横向きなのか、という点が、われわれにとって永遠の謎であるから。

エ　個人の画家がとらえた世界ではなく、複数の画家がそれぞれの眼《め》からとらえた世界が合成されているから。

オ　重要な人物ほど大きく描くという方法は理解できても、われわれには人物の重要性が解明できていないから。

答　イ

オ…「現代では顧みられなくなった」が問題文にナシ。

❷「エジプトの壁画」は「遠近法」と対比されている。

傍線部の前に「遠近法の原則から見ると」とあることに着目しよう。つまり「エジプトの壁画」が奇妙に見えるのは、見るほうが「遠近法の原則」に立っているからなのだ。このことは傍線部を含む段落の最後に「遠近法とはまったくちがった空間の表現である」と書かれていることからも確認できる。すると、これに対応しているのはイ。「個人の視覚がとらえた世界を画面に描き出す図法」とは傍線部A直後にあるように「遠近法」のことだからだ。

〈選択肢チェック〉

ア…一人の人間の体の部分部分の向きが違うのであり、「それぞれに異なる方向を向いているように見える」とは問題文に書かれていない。

ウ…「われわれにとって永遠の謎である」が問題文にナシ。

エ…「複数の画家がそれぞれの眼《め》からとらえた世界が合成されている」がナシ。

オ…「われわれには人物の重要性が解明できていない」がナシ。あるいは「重要な人物は大きく、重要でないものたちは極端に小さく描かれている」（7〜8行め）と×。この部分は、筆者が「重要」さを理解しているとも読めるからだ。ちょっとむずかしかったね。

＋α 重要語

「表現（芸術・文学）」に関連する語

戯曲…演劇の脚本・台本や、そうした形で書かれた文学

シンメトリー…左右が対称であること⇔アシンメトリー

Step 4

24 エッセイ・小説でよく使われる語句（1）

問題は本冊92・93ページ

解答

❶ **次の言葉と同様の意味を表す語を後の[　]から一つずつ選び、記せ。**

A こわごわ ―［おずおずと］

B プライド ―［矜持］

C 必ずしも ―［あながち］

D おおげさ ―［大仰］

[機微　矜持　あながち
おずおずと　大仰]

解説

❶ **エッセイや小説でも言い換える力は大切だ！**

A「こわごわ」はびくびくする様子。これに最も近い意味をもつ語は〈ためらいながら。こわごわ。おそるおそる〉という意味の「おずおずと」。

B「プライド」は「矜持《きょうじ》（**矜持**）」。「**自負**・自恃《じじ》」などの類義語も一緒に覚えよう。

C「必ずしも」は「あながち」。「**あながち**」も打ち消しや否定語（「ない」など）と一緒に使われて〈必ずしも〜ない〉という意味を表す。

D「おおげさ」は「大仰《おおぎょう》」。君の**大仰**な振る舞いで場がし〜んとなったりしないように。

❷ **慣用表現は、自分でもどんどん使う機会を作ろう。**

Aは、空欄の直後に「のない」が付いていること（**a**）、「子どもの笑顔」を説明する語句（**b**）、という、**a**・**b**二つの条件をクリアするものを考える。すると「屈託《くったく》」が適切。「**屈託**」は〈気にかけてくよくよすること〉だが、「**屈託が（の）ない**」で、〈さっぱりしていて気になることがない〉という意味になるからだ。「**屈託**」は単独で使うよりも、「**屈託**が（の）ない」という使い方のほうが多いし、子どもの様子などを表現する際に使われることが多いので、この例文はこのまま覚えておこ

❷ **次の文中の空欄に入れるのに最も適当な語句を記せ。**

A [屈託] のない子どもの笑顔に癒《いや》される。

B 今まで負け続けてきた相手に、やっと [一矢] を報《むく》いることができた。

C 緊迫した試合の展開を、[固唾] を飲んで見守った。

D [気] の置けない仲間と過ごす時間は人生最良のひとときである。

E 「まあ、[鷹揚] にかまえていればいいよ。」

F 外国人には、「甘え」という日本語のニュアンス、つまり [機微] が伝わらない。

う。

Bは、「を報いる」につながるので、「一矢《いっし》を報《むく》いる（＝攻撃や非難に対しわずかでも反撃・反論する）」が○。

Cは、「緊迫した試合」が「展開」しているから〈緊張〉した場面だ。それに「〜を飲んで」と続く。すると「固唾《かたず》を飲む（＝ことの成りゆきを見守るときの緊張した様子）」が正解。

Dは、「の置けない」につながる語句であり、なおかつ「最良のひととき」だから、プラスイメージの言葉がよい。なので「気が（の）置けない（＝気を遣《つか》わなくてよい）」が○。最近間違って、**「気が（の）置けない」**が、〈油断できない〉という意味で使われることがあるので注意しよう！

Eは、「にかまえ」る、につながる言葉。よって「鷹揚《おうよう》（＝ゆったりと落ち着いていること）」が適切。

Fは、空欄直前に「つまり」とあり、「ニュアンス」とイコールになる言葉が入ることがわかる。なので「機微《きび》」でOK。

＋α 重要語

エッセイ・小説でよく使われる語

おしなべて…全体にわたって同じように。概して。あまねく。

気を呑《の》まれる…相手に圧倒されること

索漠《さくばく》とした…なんとなく寂しいさま。気が滅入《めい》るさま。

Step 4

25 エッセイ・小説でよく使われる語句（2）

解答

❶ **次の語句の意味として最も適当なものを、次のア〜オから一つずつ選び、記号で答えよ。**

A　饒舌《じょうぜつ》

ア　話の上手なこと
イ　口数の多いこと
ウ　嘘《うそ》をいうこと
エ　軽薄なこと
オ　冗談をいうこと

［イ］

B　沽券《こけん》に関わる

ア　体面に影響すること
イ　他人の値打ちを決めること
ウ　名誉を得ること
エ　悪事に関与すること
オ　政治に関心をもつこと

［ア］

解説

問題は本冊94・95ページ

❶ **入試でよく出る語句の意味を問うタイプの設問。**

A「**饒舌**」は、〈よくしゃべること。おしゃべり〉という意味。これに最も近いのはイ「口数の多いこと」。この本での説明と少し表現をずらしたけれど、決して意地悪ではありません。表現についていける柔軟性と応用力をつけてもらいたいからです。

アは、〈おしゃべり〉な人がいつも「話の上手な」人とは限らないので×。たしかに〈おしゃべり〉な人はエのように「軽薄」に見えるけど、「**饒舌**」のもとの意味には「軽薄」という意味はないのでイの方が○。ウとオは「嘘」「冗談」というふうに、話す内容を限定している点が×。「**饒舌**」はとにかく〈おしゃべり〉なだけで、話す内容までは定義されていない。

B「**沽券に関わる**」は〈世間の評価や名誉を傷つけること〉。アの「体面」は〈世間体《せけんてい》（本冊P7参照）・世間的な名誉〉という意味だから、アが「**沽券に関わる**」の意味に最も近い。

「沽券に関わる」は、言い換えると〈何かのことで、自分やある人の立場が揺らいだり、おとしめられたりすること〉である。するとイは「他人」と限定しているし、「決める」が〈揺ら〉ぐと×。ウ「得る」は意味が逆。エは「悪事」、オは「政治」が、「**沽券に関わる**」の意味と×。

❷ **次の言葉の中から、一般的に人間や物事を批判したり、非難したりする際に使われる、マイナスイメージをもつ語句を三つ選び、解答欄に記せ。**

憔悴《しょうすい》　尊大　荘厳《そうごん》　狡猾《こうかつ》　陳腐《ちんぷ》

| 尊大 | 狡猾 | 陳腐 |

❸ **次の空欄に入る漢字と同じ漢字を含む語句を、後の［　］から選び、記号で答えよ。**

A 世紀□

B □抜

C □党を組む

ア 徒労　イ 瑣末　ウ 新奇

A イ　B ウ　C ア

---

❷ **その言葉が＋イメージか－イメージかを覚えるのは大事！**

「**尊大**」は〈偉そうなこと（マイナスイメージ）≒**傲慢《ごうまん》**〉だからまずこれが一つめの答え。「**尊大**」は字だけ見るとよさげだから間違えないように。

次に、「**狡猾**」が〈ずるがしこいさま〉だから、二つめの答えになる。

「**陳腐**」が〈ありふれていて古くさいこと〉というのはよく問われる。これもマイナスイメージをもつ語句だから、これが三つめの答え。

みんなのなかには「**憔悴**（＝やせ衰《おとろ》えること。やつれること）」を答えにした人がいるかもしれない。たしかに暗い…でも批判したり、非難したりするという意味は含まれない。つまり「**憔悴**」は設問文の要求と対応しない。だからこれは答えにはならない。

「**荘厳**」は〈重々しく、おごそかであること〉という意味でバッチリプラスイメージ。

❸ **クイズ問題の気分で解こう。**

A「世紀□」と選択肢を見て、「世紀末」という言葉が頭に浮かぶとナイス。「世紀末」という言葉には、「**退（頽《たい》）廃（＝不健全な雰囲気）**」というニュアンスがある。答えはイ「瑣末」。

Bは「奇抜（＝とっぴなこと）」が適切なので、ウ「新奇」が正解。

Cは〈徒党を組む（＝あることを企《たくら》んで集まること）〉でア「徒労」が○。「徒党を組む」はいい意味ではあまり使わない。

＋α 重要語 **エッセイ・小説でよく使われる語**

さめざめと…涙を流して静かに泣くさま

たじろぐ…相手に圧倒されて尻込《しりご》みする。ひるむ。びびる。

Step 4

26 エッセイ・小説でよく使われる語句（3）

問題は本冊96・97ページ

解答

❶ 次の言葉と関連が深い語句を後の[　]から一つずつ選び、記せ。

A 下品 ― 野卑

B 円熟 ― 老成

C 皮肉 ― 揶揄

D 場違い ― 頓狂

老成　揶揄　野卑　頓狂　畢竟

解説

❶ 類義語を覚えて、言葉のイメージを膨《ふく》らませよう。

A「野卑《やひ》」は〈下品でいやしいこと〉だから、「下品」とつながる。

B「円熟」は時が経《た》って、人格が豊かになったり、ワザが高度なレベルになったりすること。「**老成**」は、〈年のわりにおとなびること〉という意味で使われることが多いが、〈経験を積んで、円熟すること〉≒〈老練〉という意味もある。だから**B**は「老成」。

Cはちょいムズ。でも本冊P89にあった「**皮肉**」の意味を思い出せば、「**皮肉**」に〈あてこすり〉という意味があったことがわかるはず。そして〈あてこすり〉というのは〈からかい〉にも近い。たとえば自分は何もしないで人に雪かきさせて指図《さしず》や文句ばっかりいってる〇〇さんに、「やあ、それだけいうなら〇〇さんは雪かきが私よりお上手なんでしょうねぇ」なんていうのは、〈あんたがやれば〉というイヤミ≒〈あてこすり〉だし、「〇〇さん」をからかっているともいえる。だから「**皮肉（＝あてこすり）**」と「揶揄《やゆ》**（＝からかうこと）**」は近い。

D「場違い」と、「**頓狂《とんきょう》**」の〈突然、その場に合わない調子はずれの言動をするさま〉がつながるから、「頓狂」が〇。

❷ 次の語句の空欄に入れる漢字を後の［　］から一つずつ選び、記せ。ただし同じものを二度用いてはならない。

A そういっては［身］も蓋《ふた》もない。

B 思いもよらない事の成り行きに［狼］狽《ばい》する。

C むごいありさまに、［眉］をひそめる。

D ［名］状しがたい感情が心のなかにあふれてきた。

E 自己弁解に躍［起］になる。

F ［憐］憫《びん》の情をもよおす。

［名　眉　起　狼　身　憐］

---

❷ **入試にもよく出る慣用表現の空欄補充問題！**

A「身も蓋もない」は〈露骨すぎて情緒も味わいもないさま〉。

B「狼狽《ろうばい》」は〈うろたえること〉。〈狼狽する〉というふうに、「する」を付けて使うことも多い。また「**周章狼狽**《しゅうしょうろうばい》（＝とてもあわてふためくこと）」という四字熟語もある。

C「眉《まゆ》をひそめる」は、〈不快に思い、顔をしかめるさま〉。そして似た言葉に、みんなも知ってる「**顰蹙**《ひんしゅく》**を買う**（＝不快な感じを与えて、嫌われたり、軽蔑されたりすること）」がある（「顰蹙」は〈顔をしかめる〉こと）。どちらも不快感から〈顔をしかめる〉点で同じだ。

D「名状《めいじょう》しがたい」は〈言葉で言い表せないさま〉。

E「躍起になる」は〈焦ってむきになること。いらだつこと〉。〈むきになって熱心に何かをする〉という行動面を含む場合もある。

F「憐憫《れんびん》（＝かわいそうだと思うこと。あわれみ。）」の「憐」は〈アワれむ〉と読む。

＋α 重要語

エッセイ・小説でよく使われる語

のっぴきならない…避けられない。身動きがとれない。

矮小《わいしょう》…こぢんまりとして小さいさま。

矮小化《わいしょうか》…物事を小さく捉《とら》えること

11 解答 エッセイ・小説でよく使われる語句 実戦演習問題

問題は本冊98・99ページ

◎**要旨をチェック！**◎

医師である「私」は「かよさん」のワカサギ釣りの見事さに感心し、毎年冬には彼女と一緒にワカサギ釣りをするようになった。治療の成否とは無関係に死んでいく患者を前に、医師としての仕事に思い悩んでいた「私」にとっては、ワカサギ釣りだけが生きる活力を与えてくれるものだった。

1 傍線部A「あっけにとられて」の意味として最も適当なものを、次のア～オから一つ選べ。

ア 相手に気を遣《つか》って
イ 熱意に押されて
ウ 尊敬の念にとらわれて
エ 驚き、心を奪われて
オ 大きな感動におそわれて

答 エ

解説

❶ 入試の語句問題にチャレンジ！

「あっけにとられて」は〈意外なことに出くわして驚きあきれて〉という意味。だからこの意味に最も近いエが○。他の選択肢には〈驚く〉という内容がないので×。オ「大きな感動におそわれて」も、〈驚き〉と関係あるとは断定できない。

❷ 小説問題にもちゃんと根拠（波線部）をもって答えよう！

「袋小路」とは〈行き止まりになっていて通り抜けできない小路〉。だからそこを「直進」するしかない、というのは、〈行きづまることはわかっていながら、その状態から抜け出せない〉ということ。そして傍線部は、傍線部直前の「a明日への楽観を許されずに生きること」とイコール関係にあることにも着目しよう。

ではどうしてそんな状態になってしまったのだろう？　医師である主人公は、勤務する病院で死んでいく患者を看取《みと》らなければならなかった（b「病院に行けば死が待っていた」）。それも「c治療の成否とは無関係に、死すべき者は死んでゆくあたりまえで冷酷な現実をこれでもか、これでもかと見せつけられる毎日だった」のだ。医師という仕事にとっての喜びは患者が助かるということだろう。しかしそれがまったくないような状態なのである。「私」はその状態を、「d臨床医

2

傍線部B「暗い袋小路の直進にほかならなかった」という表現についての説明として最も適当なものを、次のア〜オから一つ選べ。

ア　医師として名声を博したいという目標が揺らいだことで、自分の将来に対する明るい見通しがなくなり、行き場のない不安を感じているという心情を表している。

イ　患者の死に直面して現代医療の問題点を意識することで、社会制度の不備に対して憤《いきどお》りを感じ、やり場のない怒りを持て余しているという精神状態を表している。

ウ　平穏な生活を望みつつも、煩《わずら》わしい雑事に振り回される毎日を送ることで、漠然とした苛立《いらだ》ちを感じ、もどかしい思いをしているという心境を表している。

エ　自らの余命の短さを意識せざるを得ない状況に追い込まれることで、逆に生きることへの強い意志が生じ、人生を力強く突き進んでいきたいという決意を表している。

オ　医師として死に向き合う毎日を送ることで、逃れようのない現実に対して無力感を感じ、悲観的な展望しか持つことができないという気分を表している。

答　オ

の**徒労**（＝患者を診《み》る医者として行っている努力が無駄だと感じられること。本冊P95参照）」と表現している（この「徒労」と波線cの状況は内容的につながっている）。なおかつ自分にまで「死」が忍び寄ってきているように感じられ、傍線部**B**のような思いを主人公に抱かせているのだ。

　これらを踏まえると、オの「医師として死に向き合う毎日を送ることで」が波線b・cと、「逃れようのない現実」がやはり波線b・c及び傍線部**B**と、「悲観的な展望しか持つことができない」が波線a及び傍線部**B**と対応している。そして大事なのは「無力感を感じ」というオの表現が、波線cだけではなく、波線d「徒労」とも対応しているのを見抜くこと。「徒労」＝〈無駄な努力〉→〈何をしてもだめだという思い〉→〈無力感〉、という形で、設問作成者の頭のなかに言葉のつながりがつくられているのだ。みんなもそれについていける言葉のネットワークをつくることを忘れないようにしよう。

〈選択肢チェック〉

ア…「医師として名声を博したいという目標が揺らいだ」がナシ。

イ…問題文の内容は「私」の個人的な問題で、「現代医療の問題点」・「社会制度の不備」というのは広げすぎ。

ウ…「煩わしい雑事に振り回される」が死を目前にする毎日という内容とズレ。「死」の問題に触れていないという大きな×がある。

エ…「生きることへの強い意志が生じ、人生を力強く突き進んでいきたいという決意」が本文に書かれていないし、傍線部**B**の暗さと逆の内容。

+α 重要語

「小説」に関連する語　**自然主義**…①文学で醜いもの・悪などを避けず、現実をただあるがままに写しとろうとする立場　②自然を唯一の実在と考え、自然の現象を科学的に説明しようとする立場

Step 4

27 描き方を説明する語句（1）

解答

❶ 次の文中の空欄に入れるのに最も適当な語句を後の［　］から一つずつ選び、記せ。

文学も時代の変化にともない、変わっていく。科学などの影響を受けた近代では、［A 写実的］で［B 迫真性］を追求した作品が主流となったが、一方その反動から、非現実的なロマンティックなものを描く［C 幻想的］な作品も好まれた。

現代では多様な価値観を反映し、簡潔なものから［D 重層的］な描写を行う作品までさまざまな表現が混在している。

幻想的　迫真性　重層的　写実的

❷ 次のような小説の描き方の特徴を表す語句として、適当なものを後の［　］から一つずつ選び、記せ。

A　彼は物置小屋の中の薄明が好きだった。彼はときどき、この薄明の中で、友人たちに気づかれないよ

解説

問題は本冊100・101ページ

❶ 文学のおさらいも兼ねて、語句の意味を確認しよう。

本冊のP88にも書いたように、近代の文学は、科学の影響を受けて**写実主義（リアリズム）**がメインとなったから、**A**には「写実的（＝事実をありのままに、感情や判断を交えずに描くさま）」を入れればよい。

また「**写実的**」と「**迫真性（的）**（＝真にせまっているさま。いかにもそのものらしいさま）」は〈リアル〉という点で通じるし、「的」がついた言葉は**B**直後の「を」につながらないので、**B**には「迫真性」を入れる。

Cは**A**「**写実的**」なものへの「反動」から生まれるものだから、「**写実**」と逆に、現実離れしたものが適切。すると「幻想的（＝現実離れした、夢や幻・空想の世界を思わせるさま）」が○。

Dは、「簡潔なもの」と対比される文脈。つまり〈複雑さ〉を表すことのできるもの＝「重層的（＝複数の内容やイメージが重なり合うように描くさま）」が正解。

❷ **このタイプの問題ができればもう小説問題は恐くない！**

A〜**C**の文章は、どれも入試に出た作品の一節です。

Aは、「好き」、「友人たちに気づかれないように、こっそりと泣いた」

うに、こっそりと泣いた。（堀辰雄《ほりたつお》『鼠《ねずみ》』）

叙情的

B　彼は自分が夢を見だしているのに気づいた。それとほとんど同時に、彼はあたかも夢遊病者のように、無意識的に、彼のまわりにころがっている石膏《せっこう》の破片をよせ集め、そしてそれを接《つ》ぎ合わせはじめていた。（堀辰雄《ほりたつお》『鼠《ねずみ》』）

幻想的

C　落ちついた今の気分でその時の事を回顧《かいこ》して（＝ふりかえって）みると、こう解釈したのはあるいは僕の僻《ひが》みだったかも分からない。僕はよく人を疑《うたぐ》る代わりに、疑《うたぐ》る自分も同時に疑わずにはいられない性質《たち》だから（以下略　夏目漱石《なつめそうせき》『彼岸過迄《ひがんすぎまで》』）

内省的

幻想的　叙情的　内省的

というふうに、「彼」の心情が描かれている。すると「叙情《じょじょう》的（＝感情や情緒を述べ表すさま）」が〇。

Bは、「夢を見だしている」、「彼はあたかも（＝まるで）夢遊病者のように、無意識的に」、とあるので、「彼」は現実を離れ、何ものかの力に誘《いざな》われるようにして、「石膏の破片をよせ集め」るのだ。その非現実的な雰囲気を説明するには、「幻想的（右ページ❶の**C**参照）」がふさわしい。

Cは、「落ちついた今の気分でその時の事を回顧してみると」というふうに、自分の過去を振り返り、「僕の僻みだったかも分からない」、「僕はよく人を疑る代わりに、疑る自分も同時に疑わずにはいられない性質だ」というふうに、自分を分析している。これは「僕」が、自分を客観的に見つめたりする自意識の強い人間だということを表している。すると、こうした「僕」の描かれ方を表すには〈深く自分をかえりみたり、分析したりするさま〉を意味する「内省的」が〇。

＋α 重要語

「描き方」に関連する語　**ロマン（浪漫）主義**…理性よりも、感受性に基《もと》づいた、自由で感情的な表現を重んじる傾向

28 描き方を説明する語句（2）

問題は本冊102・103ページ

解答

❶ 次の文中の傍線部分を、後の［　］から選んだ語句の語尾に適切なひらがなを付加して、言い換えよ。

A その娘の顔立ちは、彼女の母の面影をありありと思い浮かばせた。

↓

彷彿（と）させた

B 突然の出来事だったにもかかわらず、彼は動じることなくあっさりと今の心境を語った。

↓

淡々と

C わかりやすく要点を押さえて説明してください。

↓

端的に

［端的　彷彿　淡々　丹念］

❷ 次の文（北杜夫《きたもりお》『幽霊』）の表現の説明として最も適当なものを、ア～オから一つ選び、記号で答えよ。

解説

❶ うまくもとの文に代入できる形にしよう。

A「ありありと思い浮かばせた」は「**彷彿**《ほうふつ》（＝ありありと思い浮かぶこと。似ていること）」が適切。ただこれを傍線部の「浮かばせた」という形に合わせ、「彷彿（と）させた」とすること。この「**彷彿**《ほうふつ》（と）させる」という言い方はよく出てくるから覚えておこう。

B「動じることなくあっさりと」は、〈感情の揺れ動きがなく、あっさりとしているさま〉をいう「**淡々**」が対応する。そしてそれに「と」をつけて「淡々と」と使うのが一般的。

C「わかりやすく要点を押さえて」は「**端的**（＝わかりやすく、はっきりしているさま。てっとりばやくポイントを押さえて表現しているさま）」がふさわしい。そして「に」をつけて「端的に」とする。問題文の「要点」は「ポイント」のこと。

「**丹念**」は〈細かいところまで注意ぶかく丁寧《ていねい》に行う様子（人の行動の場合は、心をこめて念入りにする様子、を表す）〉という意味だったね。

❷ さあ、ほんとにほんとに最後の問題。ム、ムズイっ!?

「花弁の白さのなかに、たそがれの光線が、雄しべ雌しべのかげが、バックの濃緑の布が、微妙な色あいを映していた」というのは、主語

花弁の白さのなかに、たそがれの光線が、雄《お》しべ雌《め》しべのかげが、バックの濃緑《こみどり》の布が、微妙な色あいを映していた。

ア　たそがれの光線、花心のかげ、バックの布の濃緑《こみどり》を重層的に描き、それらが映ってつくり出す花弁の白さの中の色調とかげりの微妙さを表そうとしている。

イ　花心のかげとバックの布の濃緑《こみどり》のコントラストが醸《かも》し出す微妙な色あいの中に、浮き彫りにされる花弁の白さを強調しようとしている。

ウ　たそがれの光線、花心のかげ、バックの布の濃緑《こみどり》がつくり出す微妙な色彩の中に、花弁の白さが溶け込んで新奇な色あいが生まれるさまを丹念に描いている。

エ　花弁の白さとかげりに奥行きを与えている、たそがれの光線、花心のかげ、バックの濃緑《こみどり》の布を、それぞれ誇張して印象づけようとしている。

オ　花弁の白さの中に微妙な色あいをつくり出している、たそがれの光線、花心のかげ、バックの濃緑《こみどり》の布によって、時の流れを象徴的に表そうとしている。

ア

として並列されている「たそがれの光線」や「雄しべ雌しべ（＝花心）」、「バックの布」の三つが、白い「花弁（＝花びら）」に「微妙な」色調をつくり出していた、ということ。「たそがれの光線」は少し明るいだろうが、「雄しべ雌しべ」は「かげ」だから、そこには明るさとかげがある。そして「濃緑の布」。明暗と緑、が白い花びらに重なり合う。そうした様子を説明しているのはア。「**重層的**」（本冊P101参照）が、光とかげ・色の重なり合うさまを説明しているし、「**かげり**」は「かげ」のことだからだ。

〈選択肢チェック〉

イ…ちょいムズ。でも「花心のかげとバックの布の濃緑のコントラスト」が×。「コントラスト」は〈対照＝違うもの同士の関係〉だが、「かげ」と「濃緑」はどっちも暗いから「コントラスト」にならない。また「花弁の白」に「かげ」などが重なるから、「花弁の白さ」が「強調」されるとはいえない。

ウ…「**新奇**（＝目新しく普通でないこと）な色あいが生まれる」とは、この問題文からはいえない。

エ…「**奥行き**（＝深み）を与えている」とはいってもよいが、「それぞれ**誇張**（＝実際よりおおげさに表現すること）して」いるといえる根拠がない。

オ…「たそがれ」とはあるが、この一文で「時の流れを象徴的（＝暗示するさま）に表そうとしている」とは断定できない。

最後まで、よくガンバったね。エライ！

総索引

◎見出し語と関連語、別冊の＋α重要語を太字で表記し、ページ数は赤字で表記した。
◎本冊の文中や別冊の解説で取り上げた語を細字で表記した。